拜托，哲学没有那么难！

[日] 小川仁志 / 著

王华懋 / 译

北京日报出版社

前言

学习哲学的意义何在？

我写过许多哲学入门的书，本书巨细无遗地介绍了从古希腊至现代的哲学精华，说是其中的最终版本也不为过。

哲学的历史如果从苏格拉底算起，就长达两千多年。反过来说，这表明哲学的内容具备普遍性，因此才能在漫长的岁月里绵延不断地传承、传播。

哲学原本就是具备这种普遍性的学问。一般来说，哲学是探究事物本质的活动，我想在这个定义上加上“透过批判性、根源性的探究”这个方法论。换言之，哲学活动的目的不仅是揭示事物的本质，最重要的是揭示的过程。

这就是批判性、根源性的思考。批判，也就是怀疑。事物的本质是如此隐晦，需要去探究，因此我们必须从怀疑开始，而且是不断地怀疑。

这时候就需要根源性的思考了。不是只怀疑一次，而是执拗地彻底怀疑，才能挖掘到事物的本质。反复质疑的过程，也就是哲学本身。因为哲学的希腊文 philosophia，便是由 philos（爱）与 sophia（智慧）组成的，顾名思义，不断地探究智慧的过程就是哲学。在哲学中，怀疑便是爱智慧的行为。

哲学的漫长历史，便是追求智慧的历史。哲学家在追求智慧的过程中为后人留下了许多智慧的结晶，其中一些是思考的方法，一些是思考的成果。我们可以通过学习，更进一步地深入探究智慧。

本书尽可能多地介绍了一些不同的哲学概念。具体来说，总共介绍了五十位哲学家，以及他们各自的两个主要的思想概念，合计共有一百个哲学概念。

这个数字算得上庞大了。通过本书，了解多达一百个哲学概念，思考能力一定会有飞跃性的提升。因为每一个概念，都是历经漫长的岁月所得到的智慧结晶，其中较为古老的概念，甚至有两千年以上的历史。而它们如今依旧流传于世，无疑是坚若磐石的。

为了方便读者阅读，这些概念基本上按年代排列，如果依序阅读，也等于是读了一遍哲学史。不过从任何章节开始阅读都没有问题，最重要的是乐在其中，因此从感兴趣的篇章开始读起也无妨。

对于不依序阅读的读者，最后我想说明一下本书的结构。

首先第一章，主要从希腊哲学介绍到中世纪神学。如同此章标题《世界是由什么构成的？》一样，哲学家为了有条理地解释这个世界而苦心孤诣。

接着第二章是文艺复兴时期到近代初期。就像此章标题《关于人的思考》一样，在此阶段，哲学家开始自觉地质疑“我”是什么，“人”又是什么。

第三章是英国经验主义与欧陆理性主义的对立，以及德国的观念论。如同此章标题《穷究理性的极限》一样，这个时期堪称人类理性得到彻底探究的时期。

第四章是十九世纪到二十世纪的德国、法国哲学。这一时期的哲学中心是现象学与存在主义。就像此章标题《我是什么？》一样，这是人的生活方式受到质疑的时代。

第五章是鸟瞰主要的现代思想。如同标题《推动世界的新规则》一样，这些思想都是在解释从二十世纪到现代，被称为后现代的哲学发展状况。

最后第六章是要思考社会与正义。如同此章标题《打造正义的社会》一样，指出在高度复杂化的现代社会中，我们面临的课题是打造什么样的社会，如何定义正义。

哲学无国界，它是一趟智慧的旅程。

那么，让我们立刻踏上回溯智慧历史的旅程吧！读者可以将本书当成这趟旅程的导览书。所有的哲学概念中，都提出了现代性的问题，请各位务必一同思考，享受旅程！

小川仁志

目 录 | Contents

Chapter 1 世界是由什么构成的？

从希腊哲学到中世纪神学

Chapter 2 **关于人的思考**

从文艺复兴时期到近代初期

笛卡尔 René Descartes

斯宾诺莎 Baruch Spinoza

莱布尼兹 Gottfried Wilhelm Leibniz

霍布斯 Thomas Hobbes

培根 Francis Bacon

Chapter 3

穷究理性的极限

从英国经验主义与欧陆理性主义的对立，到德国的观念论

克尔凯郭尔 Soren Kierkegaard

尼采 Friedrich Nietzsche

柏格森 Henri Bergson

胡塞尔 Edmund Husserl

海德格尔 Martin Heidegger

萨特 Jean-Paul Sartre

梅洛庞蒂 Maurice Merleau-Ponty

Chapter 5 推动世界的新规则

现代思想

阿多诺 Theodor W.Adorno

内格里 Antonio Negri

阿马蒂亚·森 Amartya Sen

Chapter

1

世界是由什么构成的？

从希腊哲学到中世纪神学

• 001 —— 022 •

希腊哲学

苏格拉底——无知之知

人为何要谦虚？

一般都说谦虚很重要，这到底是为什么？自信十足不是件好事吗？要思考这个问题，**苏格拉底**的“**无知之知**”概念可以派上用场。

苏格拉底现今虽然被称为哲学之父，但他原本只是个平凡的石匠之子。然而有一天，苏格拉底听到了一个惊人的传闻——他的朋友在德尔菲神庙听到了神谕，内容居然是“苏格拉底是全希腊最聪明的智者”。

苏格拉底为了弄清这道神谕的真假，四处请教当时被称为智者的人，结果他发现没有一个人能给他满意的答案。

这时苏格拉底发现，被称为**智者**（sophist，也叫诡辩学者）的人，其实只是装出一副无所不知的样子，实际上与自己并没有什么不同。不，至少自己有自觉，明白自己一无所知，所以比他们更优秀。因为**不懂装懂，便失去了学到更多的机会。**

相比不懂装懂，**承认自己的无知，更进一步求知，就有机会增加知识，变得更聪明，**可以更接近真理。这就是“无知之知”概念的意义。也就是俗话所说的，“问是一时之耻，不问是一辈子之耻”。

从这里我们可以学到的是**谦虚的重要性**。因为唯有谦虚，而非不懂装懂，才能吸取新知识。人当然应该要有自信，但绝不能因此变得傲慢。有自信与面对求知的谦虚，是完全不同的两回事。

获得诺贝尔奖的学者，都对自己的研究自信十足。不过那是谦虚地持续探究智慧所带来的自信。不思进取，只知道毫无根据地骄傲自满，这种人是不可能得奖的。

苏格拉底并没有得过什么奖，却成为了哲学之父，留名青史。这并不是因为他比任何人都优秀，而是因为他比任何人都要谦虚。

无知之知

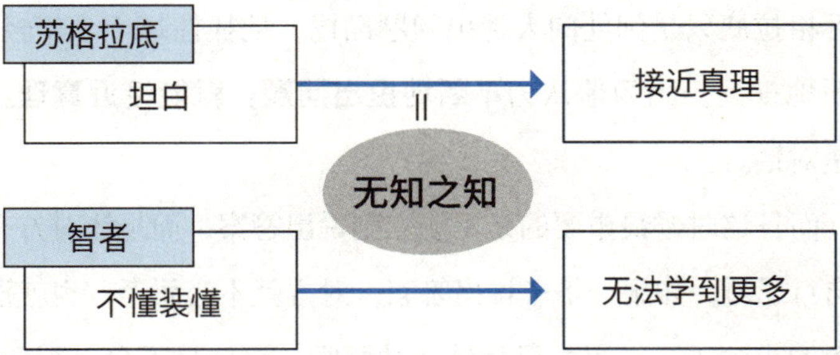

生平与思想

古希腊哲学家，哲学之父。通过“对话”来探究真理。没有留下任何著作。

苏格拉底
（前 470? —前 399）

希腊哲学

苏格拉底 —— 对话

为何提问很重要？

人们常说提问能力非常重要。在商场上如此，在学校也是如此，但是我们的社会似乎并不欢迎提问。开会时，如果提出问题，有时还会招来白眼。在学校，如果有同学提出问题，甚至会把老师吓一大跳。但一般又说提问很重要，这是为什么呢？要思考这个问题，苏格拉底的**对话**可以派上用场。

苏格拉底晚年，因为腐化青年思想等理由而受到审判。不过苏格拉底只是到处向人提出问题而已。他抓住每一个年轻人，不断地提问。因为他认为**不断地提出问题，就能接近真理。**这就是对话。

而且这时候最重要的是不能立刻说出答案，而是让对方有机会自行思考。如果一下子说出答案，对方就不必思考，也就没有思考的机会了。结果就只是被动地聆听，这样是不会有帮助的。只要想想我们在学校听课的消极模样就可以明白了。

如果没有人提问，只是老师单方面地讲课，学生就只会糊里糊涂地听。从这个意义来说，老师应该多多提问，不要单方面地灌输知识，而是协助学生自行思考。

苏格拉底的对话也是**协助对方自行找出答案，**就像协助生产一样，因此也叫作“助产术”。据说被苏格拉底提问的人，会像被电鳐电到一样受到刺激，因此苏格拉底也被比喻为电鳐。由于会刺激年轻人，这样的行为被当局视为一种危险，但苏格拉底绝不退缩。

如果不穷追不舍地提问，就无法接近真理。不仅如此，甚至没有机会去进行思考。这就是为什么提问如此重要。

在会议上也是，如果不提问，企划能力将无法获得改善。在学校如果不提问，就无法解开疑问。从明天开始，请鼓起勇气举手提问吧！通往真理的大门一定会为你敞开。

对话

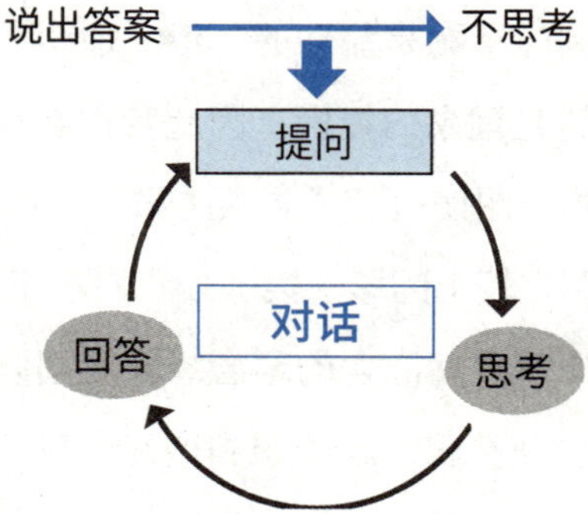

主要著作

苏格拉底没有留下著作。因为从“对话”这个名称可以看出，这是双方通过对话来积极地进行思辨的方法。

苏格拉底
（前 470? —前 399）

希腊哲学

柏拉图 —— 理念

为什么必须怀疑现实？

有时人们会说："要怀疑现实。"但是要怀疑眼前看到的现实，实在是一件很累人的事。有什么必要去怀疑现实呢？古希腊哲学家柏拉图的"**理念**"概念有助于回答这个问题。

理念是柏拉图哲学的中心概念，原本指的是事物的形貌。不过这里指的并不是我们眼睛看到的外表，而是通过心灵洞察到的事物的真实面貌、原型。

以感觉捕捉到的事物是流动的，但"理念"是永恒不变的存在。一切事物皆是理念的投影，因此我们必须找出它真正的形貌。在这里，柏拉图使用了"**洞穴比喻**"，也就是我们看到的只是事物投射在洞穴墙上的影子罢了，我们不能被影子所迷惑。

比方说，玫瑰有玫瑰隐含的理念，圆有圆隐含的理念。因此我们只是看到玫瑰花蕾，就能想到盛开的玫瑰。只是看到弯曲的弧线，却能在心中描绘出完整的圆。这完全是因为我们**脑中有玫瑰和圆的理念**。换句话说，**理念就是事物的理想样貌。**那是唯有通过理性才能真实捕捉到的事物。

柏拉图将理念构成的永恒不灭的世界，与感觉构成的现实世界区分开来。前者是理念界，后者是现象界。**不断变迁的现**

象界，是以永恒不变的理念界为范本而存在的。

这就是现实与理想的**二元世界观**。它源于现实世界应该总是以理想世界为范本而存在的观念。

而我们必须怀疑现实的理由就在这里。既然我们目睹的现实只是事物真正形貌的投影，就不能轻易相信它。**对于眼前的事物，要以批判的眼光去看待，并想象它理想的形貌。**因为理想只有通过“心眼”才能看见。让我们更进一步磨炼“心眼”吧！

理念

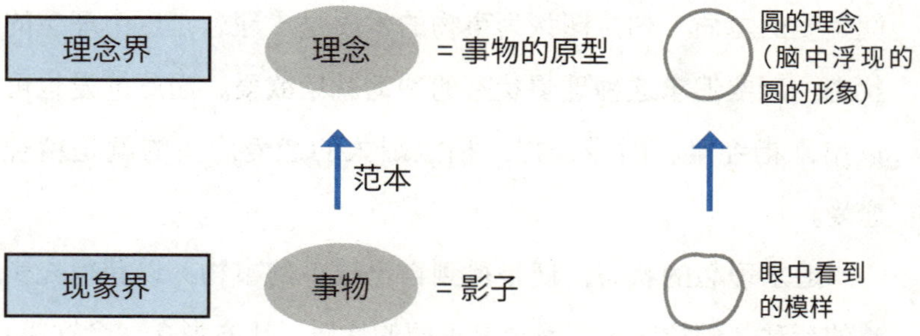

生平与思想

古希腊哲学家。苏格拉底的弟子。提倡相对于现实的世界，还有个完美的理想世界——“理念界”。

柏拉图
（前 427 — 前 347）

希腊哲学

柏拉图 —— 欲爱

爱是什么？

爱是什么？这是哲学史上最古老的问题之一，也可以说是一般人最感兴趣的问题。人为何会爱上别人？为何单恋更热烈？我们尽可能回溯到古老的哲学家的思想，来思考这个问题。这里想要参考的，是古希腊哲学家柏拉图的欲爱（erōs）这个概念。

听到欲爱，也许会联想到性方面的欲望，但柏拉图说欲爱就是爱的本质。柏拉图认为事物的本质是“理念”这个理想的状态，**想要追求这种理想状态的冲动就是欲爱。**因此欲爱也可以用来指纯爱。附带一提，柏拉图式的恋爱，指的就是精神恋爱。

追求理想的状态，便是得到自己缺少的事物，以获得充实感的活动。柏拉图认为爱也有相同的性质。比方说在《会饮篇》里，柏拉图描写了拥有两张脸、各有两对手脚的雌雄同体怪物安卓基诺斯。

安卓基诺斯整天以它万能的力量胡作非为，因此被神劈成了两半。被拆散的两个身体为了再次合而为一，渴望彼此，却再也无法恢复原本的状态。这便是男女彼此追求的肇始。

柏拉图着眼于人终要一死，因此人类才会追求永恒的理想。这股热情就是欲爱。

在哲学的世界里，其他还有基督不求回报的圣爱（agape）、朋友之爱的友爱（philia）等爱的概念。但相对于圣爱是爱对方超过爱自己、友爱是爱对方就像爱自己，欲爱则是**爱自己胜过爱对方，**这是不一样的概念。

这样看来，爱是形形色色的，不过可以看出其中恋爱的爱就像柏拉图所说的，是追求对方的心情。从这个意义而言，也能理解为何单相思的时候会爱得特别热烈了。当然，不是永远单相思就好……

欲爱

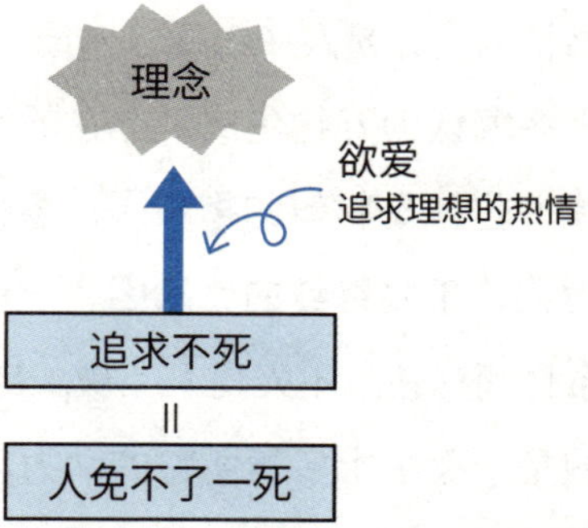

主要著作

《会饮篇》:《对话录》中的一篇，谈论关于爱的本质。《苏格拉底的申辩》：描写师父苏格拉底受到的审判，以及他的思想。

柏拉图
（前 427 — 前 347）

希腊哲学

亚里士多德——四因说

事物是如何发展的？

事物是如何发展的？比方说，花为何会绽放？屋子是怎么盖起来的？我们不太会去思考这些事情的原理。在思考这类事物的发展过程时，古希腊哲学家**亚里士多德**的**四因说**是最适合的方法。

在希腊语中，原因是aitia，原本意味着事物的责任。也就是认为凡事都应该有它产生的责任，就像是无火不生烟。没错，亚里士多德认为火亦是**万物根源**（本原，archē）之一。

亚里士多德认为万物生成、存在的原因有以下四点：事物生成的元素，也就是**材料的物质因**；**事物原型的形式因**；**事物肇始的动力因**；**事物终结的目的因**。一切事物，都以这四个原因为必要条件而存在。不光是人工物，自然物也是一样。

有趣的是，亚里士多德所说的动力因也被译为运动因，将事物视为运动的过程。运动指的不仅是物体的移动，也包括了性质的变化。从种子萌芽到开花的这一连串变化，也是运动的一种。

拿来解释盖房子的过程，物质因便是材料，形式因是设计图，动力因是建筑行为，目的因是建筑物（居住）。换言之，物质因是 step1，形式因是 step2，动力因是 step3，目的因是 step4。将它一般化作为工作流程，就是**“对象—构想—实践—完成”**。

亚里士多德对四因说很有自信，他认为在讨论原因时，任何人都会以某些形式提到这四个要素。

此外，亚里士多德对一切事物，都采取可能性皆会实现的原理，意味着这里所说的物质因，最后都会变成形式因或目的因的形态。所以在分析事物的原因时，四因说非常值得参考。

四因说

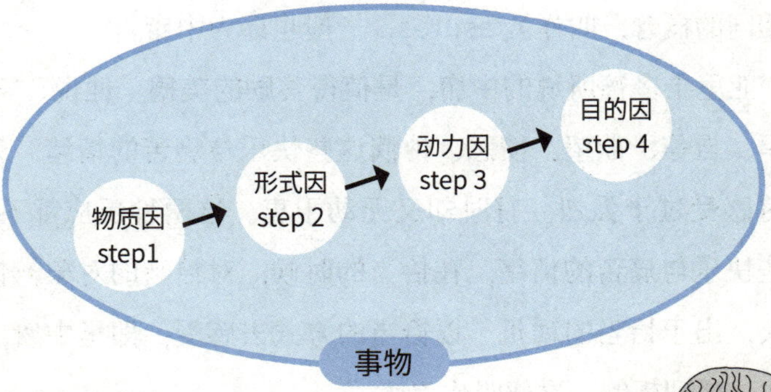

生平与思想

古希腊哲学家。被称为“万学之祖”。思想异于其师柏拉图，十分现实主义。

亚里士多德
（前 384 — 前 322）

希腊哲学

亚里士多德 —— 中庸

什么才是最好的选择?

我们的日常生活伴随着选择。从中午要吃什么的小事，到应该从事什么职业等大问题，都需要选择。不过大部分人都会因为做错选择而后悔。到底怎样才能做出最好的选择呢?

这时可以作为参考的，是亚里士多德提出的中庸概念。中庸是恰如其分之意，中国也有相同的思想，即孔子认为人应该尽量避免“过犹不及”的适当态度。有趣的是，古希腊也有完全相同的概念，叫作 mesotes，一般也译为中庸。

亚里士多德所说的中庸，是值得奖励的美德。他说:“对于恐惧、自信、欲望、愤怒、怜悯这些快乐与痛苦的情绪，人们有时感受过于强烈，有时却又无动于衷，这两种反应都不好。这些快乐与痛苦的情绪，在恰当的时候，对恰当的对象、恰当的人，出于恰当的动机，以恰当的方式去感受，即是中庸，同时也是最理想的，这便叫作美德。”

换言之，中庸就是**两个极端的中间状态**。具体来说，胆小与蛮勇之间最恰当、最中间的状态是勇敢。同样，麻木与放纵的中间状态是节制，盲从与冷漠的中间状态是友善，自卑与傲慢的中间状态则是诚实。

听起来很简单，但实践起来困难重重。走极端是很简单的，比方说别人让你自卑，只要说“我这个人实在没用”就行了；若别人让你自夸，只要大力说夸奖自己的话就行了。但是听到要诚实，各位会怎么做？很困难对吧？因为人**就是会无可避免地走极端**。

那么这样做如何？**在自卑与自傲的情况中，要避免认为自己一无是处，而是去想自己也有一些优点。同时也要避免过分相信自己几乎完美无缺，也要反省一下缺点**。唯有如此，才能维持平衡。

以这个意义来说，找到中庸、选择中庸，才是最理想的。

中庸

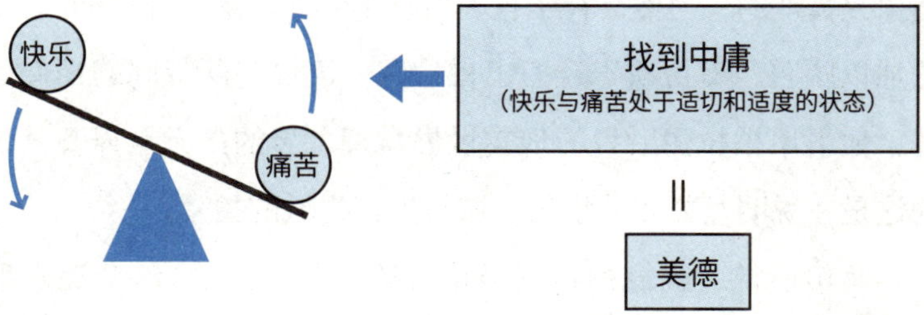

主要著作

《形而上学》：以探求现象背后的本质为主题，也提到四因说。《尼各马可伦理学》：阐明中庸的伦理学著作。

亚里士多德
（前 384 — 前 322）

基督教哲学

奥古斯丁 —— 二元世界观

基督教与哲学是什么样的关系？

西方各国几乎都信仰基督教，同时也具备古希腊以来的哲学传统。这两者是在何时相遇，又是如何折中的呢？要解答这个问题，**奥古斯丁**的**二元世界观**可以作为参考。

奥古斯丁最大的功劳，在于**说明了基督教与古希腊哲学彼此并不矛盾**。他主张基督教与哲学的目的同样在于认识至高的存在，也就是真正的哲学家是深爱上帝的人，是为了协助神学而探究真理的。当然，神学也利用哲学的理性来审视信仰内容，并加以阐明。奥古斯丁还搬出柏拉图，欲说明两者间的相似之处。他引用柏拉图所说的现实世界与理念界的二元世界观，认为这是在说明基督教的世俗之城与上帝之城的关系。

换句话说，就像柏拉图借由“欲爱”（erōs）这个追求理想的热情，从现实世界到达理念界，奥古斯丁则说明信徒可以通过教会中的信仰，从世俗之城前往上帝之城。这便是他的**教父哲学**。教父原本指的是努力建立基督教正当教义的教会指导者，奥古斯丁便实践了这个任务。

就像柏拉图说理念无法看见，只能以“心眼”感受一样，奥古斯丁也认为上帝是无法看见的。不过一切的理念都在上帝之中，上帝用理念来创造世界，因此**我们能够从这个仿造的世界前往上帝的理念**。

那么，世俗之城与上帝之城又是什么关系呢？两者永远都是平行的吗？关于这一点，奥古斯丁说这两者是对立的，最终将是上帝之城赢得胜利。奥古斯丁身为教徒，偏袒教会也是无可厚非的。不管怎么样，以他描绘的二元世界观为基础的奥古斯丁教父哲学，是彻底论述基督教与哲学关系的第一个成功例子。

二元世界观

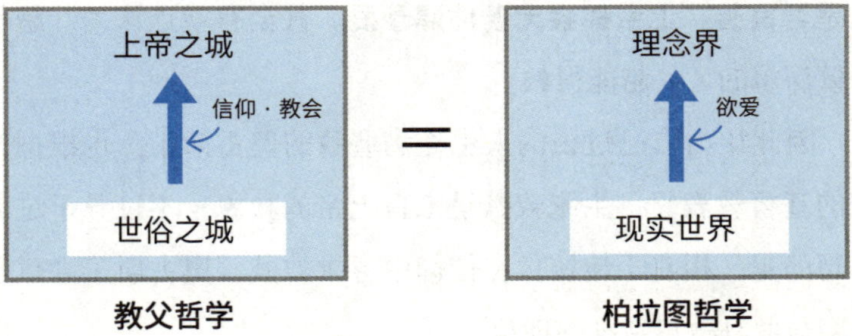

生平与思想

古代哲学家。原本信奉摩尼教，后来改信基督教。因以柏拉图哲学为基础对巩固基督教做出了重要贡献，被称为“最伟大的教父”。

奥古斯丁
（354 — 430）

基督教哲学

奥古斯丁 —— 救恩论

教会是什么？

很多人即使不是基督教徒，也去过教堂吧。有人在教堂举办婚礼，也有许多教堂成为观光景点。教堂当然是基督教徒举行仪式的地方。既然如此，为何要盖得那么豪华呢？教会究竟是什么呢？要回答这个问题，**奥古斯丁**的**救恩论**可以作为参考。

救恩是上帝对人无条件地影响。换句话说，救恩是指**不论人是否良善，上帝都会无条件赐予爱**。甚至有观点认为，越是罪孽深重的人，越能得救。

因此认为自己过去的人生充满罪孽的奥古斯丁，也根据传统的基督教教义，主张救赎是来自上帝的救恩。不过异于过去思想的是，相对于传统仅在信仰中寻求救赎，奥古斯丁则赋予教会与罗马教皇特别的地位。

也就是说，奥古斯丁把通往天国的钥匙，交给了上帝为救赎人类而建立的救恩机关——教会，以及担任耶稣代理人的罗马教皇。

奥古斯丁本身在北非的希波教会担任主教，以主教身份为教会鞠躬尽瘁。至于他有多重视教会，从他把教会称为上帝之城的“圣别之地”便可见一斑。不过教会并非上帝之城。奥古斯丁说，当教会里的善与恶终极分离的时候，教会才会成为上帝之城。

这样的思想，**衍生出并非所有的人都能得救，唯有预先被挑选的人才能被救赎的预定论**，因此才会掀起争议。

并且，**教会以此为契机，势力开始壮大起来**。全世界留下那么多豪华的教堂，就是由于这样的理由。罗马教廷荒唐地发售赎罪券，威胁信徒不买就无法得救，原因或许也出在这里。

就像这样，奥古斯丁的思想虽然引发了种种争议与问题，但作为中世纪代表性的基督教哲学，在历史上留下了巨大的印记。

救恩说

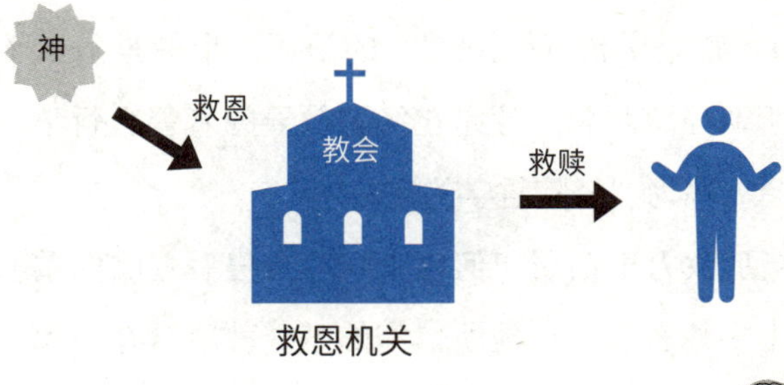

主要著作

《忏悔录》：描写自己的放荡时代到归教历程的自传。《上帝之城》：描写二元世界观，世俗之城与上帝之城的历史。

奥古斯丁
(354 — 430)

基督教哲学

阿奎那 —— 目的论式的世界观

哲学在中世纪的地位如何？

中世纪是受到基督教支配的时代。既然基督教是当时的宗教，上帝就是绝对的，不容置疑。但**自古希腊以来的传统哲学要求怀疑一切，包括上帝在内**。因此该如何与哲学折中，便成了当时的一大问题。哲学究竟应该被如何看待？**阿奎那**的**目的论式的世界观**可作为这个问题的参考。

阿奎那写下神学集大成著作《神学大全》，也是**经院哲学**的完成者，可以说是尝试融合基督教与哲学的学者。经院（schola）就是学校（school）的语源，指的是附属于教会的学校。所谓经院哲学，便是在经院教导的基督教哲学。因此阿奎那才会被称为“经院哲学的完成者”。

阿奎那致力于钻研如何将十字军东侵后在欧洲重新被发现的亚里士多德哲学，与他所信仰的基督教融合在一起。其实当时亚里士多德的哲学早已被世人遗忘，这时才又通过阿拉伯世界反过来进口，因此利用亚里士多德哲学的概念来解释基督教一时成为风潮。

一言以蔽之，阿奎那**努力将亚里士多德目的论式的世界观，亦即一切事物皆会从物质（材料）向形式（完成的形象＝目的）**

生成发展的观念，与基督教阶层秩序中一切事物皆朝上帝靠拢的观念重叠在一起来理解。这便是经院哲学的具体内容。

不过，亚里士多德所说的形式与上帝不同的是，前者用于区别事物的存在与本质，而后者是指“**事物的存在与本质是一体的**”。上帝的存在即是本质。换言之，世上有些事物即使有概念，但实际上并不存在，但就上帝而言，绝不可能有这种情形。上帝之所以位于阶层秩序的顶点，就是这个理由。

阿奎那最大的功绩，便是巧妙地将亚里士多德的哲学重叠在基督教的教义上，说明两者之间并无矛盾。

目的论式的世界观

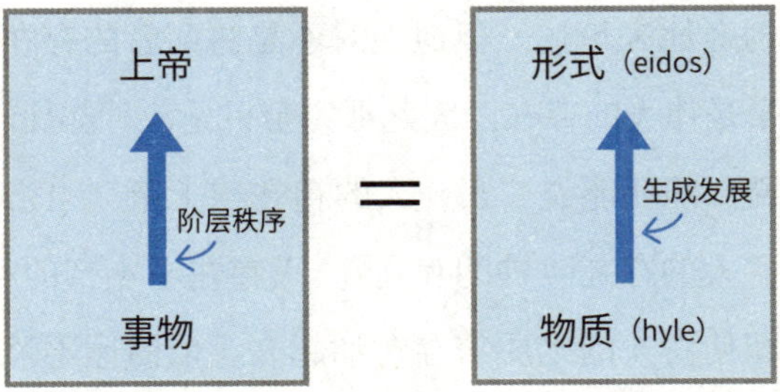

经院哲学　　**亚里士多德哲学**

生平与思想

中世纪哲学家。利用亚里士多德哲学为基督教打下了基础。被称为“经院哲学的完成者”。

托马斯 · 阿奎那
(1225? — 1274)

基督教哲学

阿奎那 —— 存在的类比

上帝是什么？

上帝是什么？这可以说是从古至今，最令人词穷的深奥问题了。每一个宗教答案都不同，还会因文化而异。即使没有信仰的人，大多数也相信有上帝的存在，却无法明确地说明上帝是什么。在思考这个难题时，**阿奎那**的**存在的类比**概念可以作为参考。

阿奎那利用亚里士多德的哲学，将世俗之城的人类与上帝的存在作为对比来论述，但他绝对不是将两者的存在视为同一次元。上帝是伟大的存在，因此那完全只是一种类比。

比方说，即使能说“人：人的存在＝上帝：上帝的存在”，也不能说“人的存在＝神的存在”。人存在于上帝的存在之中。换言之，即使将人的本质与存在加起来，依旧比不过上帝的本质。这样的观点被称为存在的类比。

对于阿奎那来说，上帝是被视为存在论首要基础的绝对概念。要了解上帝、谈论上帝，别无其他方法。**我们只能了解身为创造物的人。因此对于上帝，只能通过类比思考去想象**。上帝就是如此伟大。

阿奎那还说，上帝便是“存在本身”。换句话说，虽然一切事物的本质与存在不同，但就上帝而言，本质与存在是无法区别的。譬如，如果说“他是正确的”，“他”这个存在与“正确”这个本质可以分开看待。但是对于上帝，“上帝是正确的”，就意味着“上帝＝正确”。要不然就必须说上帝不仅是正确的，还是伟大的，更是绝对的……像这样无限扩大下去，永远都无法完全表达上帝的本质。因此在这个世界，唯有上帝能够是“存在＝本质”。

这样的设想，也反映在阿奎那对哲学的态度上。他断定**“哲学是神学的婢女”**，将信仰置于理性之上。不过这并非意味着要排除理性，而是为了在信仰占上风的社会中，为理性确保有一席之地。

存在的类比

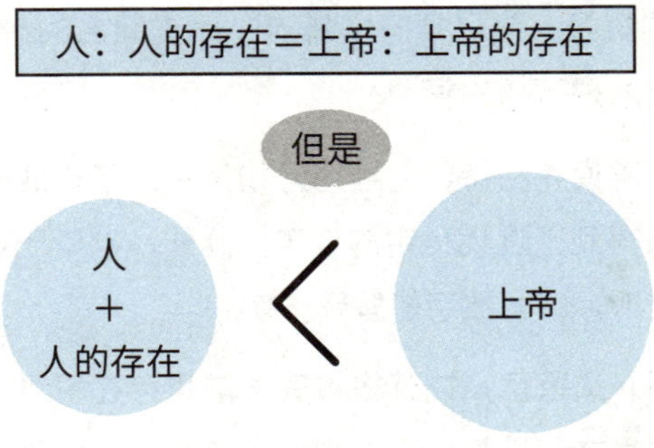

主要著作

《神学大全》：汇集神、人、基督等有关神学一切主题的著作，为中世纪基督教神学奠定了体系。

托马斯 · 阿奎那
（1225? — 1274）

专栏一

苏格拉底以前的哲学家

第一章介绍了古希腊的哲学家，尤其是被称为哲学之父的苏格拉底。但其实在苏格拉底之前也有哲学家，只是因为苏格拉底太伟大了，而且是第一个正式实践哲学的人，所以后人都视他为始祖。

因此苏格拉底之前的哲学家被称为 Vorsokratiker，意思是“苏格拉底之前的人”。或是因为他们主要以阐明自然的本质为目的，也被称为自然哲学家。

自然哲学家追寻万物的根源“本原”（archē），意图阐明自然现象。譬如被称为第一位哲学家的泰勒斯，便主张水是万物的根源。而以“万物皆流”一说闻名的赫拉克利特，却认为火才是万物的根源。

还有德谟克利特，他认为万物是由原子构成的，他的原子论后来得到了近代科学的证实。此外，以毕氏定理闻名的毕达哥拉斯，认为数字能解释一切。

我们必须留意，在苏格拉底之前也存在着哲学家探究智慧的，然后才有苏格拉底、柏拉图这些我们熟悉的古希腊哲学家登场。活在二十一世纪的我们，也才能够站在他们智慧耕耘的延长线上继续思索。

Chapter

2

关于人的思考

从文艺复兴时期到近代初期

文艺复兴哲学

马基雅维利 —— 权术

何谓真正的领导力？

什么才是真正的领导力？我们的社会因为过度的平等主义教育，变得无法培育出领导者了。为了追求公平，有些学校甚至不设班长。

这里要介绍一个概念，可以在思考领导力的意义时作为参考，那就是**权术**。这是意大利思想家**马基雅维利**在《君主论》中提出的想法。马基雅维利提出的君主论极端冷酷，充满现实主义。为达目的不择手段、臭名昭彰的权术，正是来自马基雅维利之名 Machiavellianism（马基雅维利主义）。它也可以说是一个用来揶揄强权政治家的词汇。

马基雅维利原本是佛罗伦萨共和国的书记官，参与外交事务，后来失势，写下《君主论》。当时意大利境内小国林立，彼此敌对，政情动荡不安。一般认为马基雅维利因处在这样的氛围中，抑或是以外交官身份观察他国君主，才会形成他讲求现实的政治思想。

譬如说，马基雅维利在谈论该如何当一名君主的君主政体论中，指出一个新兴君主必须一切从零开始，因此困难重重，就好像支配一个风俗民情迥异的国家一样。他说这种时候，**君**

主必须采取“强制手段”。马基雅维利基本上不信任他人，从这里可以看出他现实主义的根源。

他**主张君主必须冷酷**，因为**慈悲为怀反而会招来漫无秩序，放任杀戮与掠夺**。与其滥用慈悲，倒不如借由最基本的杀鸡儆猴，来打造一个有秩序的稳定大国。“比起受人民爱戴，让人民恐惧才是理想状态。”如此果断的马基雅维利，他的哲学思想一贯地彻底。他认为必要的时候甚至可以抛弃良善，采取邪恶手段。

马基雅维利将狐狸和狮子视为典范。因为狐狸狡猾，不会落入陷阱，而狮子强悍，不会输给其他动物。他认为君主应该具备这两种能力。可以说，**真正的领导能力，也需要具备这样的狡猾和强大**吧。

权术

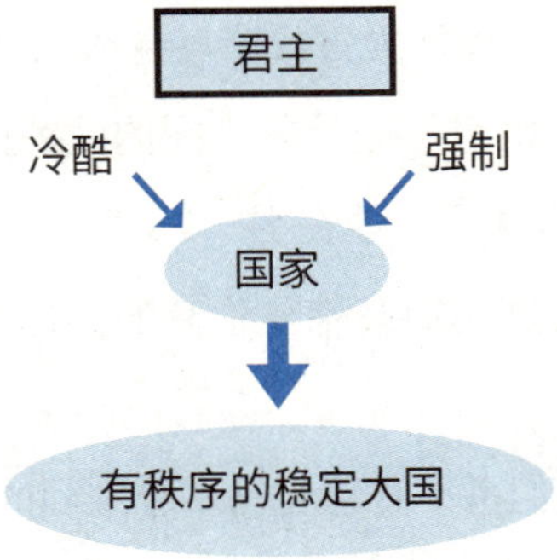

生平与思想

意大利政治思想家、外交官。彻底的现实主义者，以奠基于实务经验的敏锐政治论、领导者论而闻名。

马基雅维利
（1469 — 1527）

文艺复兴哲学

马基雅维利 —— 共和制

怎样的政体才是理想的？

怎样的政体才是理想的，真是个让人伤透脑筋的问题。民主制当然是最合适的，但绝对不能说是最好的。因为民主制有可能变为多数人支配，或引来民粹主义。君主制则全依赖君王的人格，而贵族制也许是智者执政，却也无法避免贪腐。要思考这个难题，现实主义者**马基雅维利**的**共和制**概念可以提供参考。

马基雅维利认为君主制、贵族制、民主制三者混合的制度，即是最理想的政体。他认为古代罗马共和制就实现了这个理想。马基雅维利的目标绝对不是暴君支配的荒芜国家，而是有秩序的稳定大国。证据就是，他在另一部主要著作《论李维》中，以共和制罗马的发展历史及佛罗伦萨的文化为基础，展望了一个新的共和国度。

也就是说，我们可以解释为马基雅维利的理想是共和政体，他为了克服现实中的困难，实现这个理想，才会谈论君主制。但君主制只是个例外，马基雅维利原则上完全是以共和制为理想。马基雅维利高度肯定民众的判断力，因为单纯地来看，君主是个人，相较之下，民众更能追求公共利益。君主免不了会去追求个人利益。

马基雅维利认为**由民众支配的共和国，除了是自由的体制外，同时还会追求公共善**。问题是人类天性贪婪，难以持续坚持理想。马基雅维利身处的时代异于古罗马，个人道德已经摇摇欲坠。

因此为了维持民众的健全，马基雅维利重视法律、教育以及宗教的力量。唯有在这样的基础上，共和制才能成立。

如果不可行，也就是说社会已然腐败的话，就只能仰赖一名有力人士出面引导民众了。这便延伸到他在《君主论》中提到的权术。但基本上，马基雅维利仍可被视为是共和制的支持者，这一点务必要留意。

理想的政体

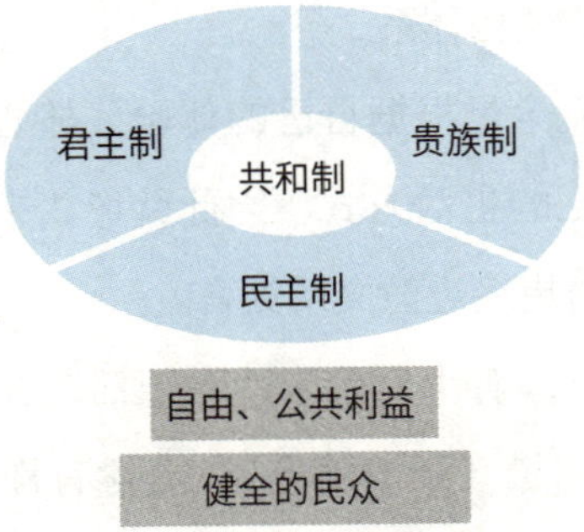

主要著作

《君主论》：以现实主义观点论述的政治哲学。《论李维》：以君主制、贵族制、民主制融合的共和制为理想。

马基雅维利
（1469 — 1527）

文艺复兴哲学

蒙田 —— 道德家

人为何需要目标？

人们常说人应该要有目标，但人为何需要目标呢？思考这个问题，也就是思考如何生活。这时**道德家（moralist）**这个概念可以作为参考。

“道德家”一词源于道德（moral），顾名思义，它指的是书写道德的人。换句话说，是审视人应有的样貌，提出建言的作家总称。但是他们异于近代阐述道德哲学的思想家，并不会提出某些规范，或建构体系。

他们的目的完全是根据自己的体验，随心所欲地书写，并在著作中建议道德的生活方式。因此就形式来说，与其说是系统性的思想，反而更接近散文或箴言。

代表性的人物，有十六至十八世纪活跃在法国的思想家**蒙田**与**帕斯卡**。特别是《蒙田随笔》，更含有许多道德家模板的要素。

《蒙田随笔》的原书名 Essais，来自法文 essayer，意为尝试。亦即通过试验，发挥判断力所得到的结果，就是这本书的内容。蒙田在本书开头便揭示出自己对人的观点，就是“**人是惊人的空虚、多样而变动的存在**”。

蒙田主张由于人是这样的存在，因此需要目标。他把这种天性比喻为一阵所向披靡的风。换句话说，对于在这个风中摆荡的灵魂，若是不赋予它一个凭恃之处，就会迷失在自我中，晕头转向。因此必须随时给灵魂一个作为目标迈进的对象。

不是人类很坚强，因此渴望目标，反而是因为人类太脆弱，没有目标就无法撑下去，这个说法令人不禁非常赞同。蒙田对人的观察可以说极为敏锐，**不对人做出过高的评价，但视其为具备理性的存在，才能做出这样的分析**。这正是道德家特有的观点。

道德家

形式　随笔、箴言

↑

内容　提议道德的生活方式

↑

目的　审视人应有的样貌

生平与思想

法国思想家、道德家。从怀疑论的立场探究人的生活方式。主要著作《蒙田随笔》，对近代哲学也有重大的影响。

蒙田
（1533 — 1592）

文艺复兴哲学

蒙田 —— 我知道什么？

我知道什么？

我知道什么？听到这个问题，会让人不知所措。被这么一问，我们才发现原来自己一无所知。其实蒙田就曾像这样扪心自问。

蒙田毕生都在探究人以及人理想的生活方式，因此他总是在寻找可以作为模板的杰出生活方式。对于蒙田来说，可作为典范的杰出人物，似乎有以下三人：第一位是古希腊诗人荷马，第二位是亚历山大大帝，第三位是古希腊将军埃帕米农达。

至于蒙田为何会尊敬这三人，理由很多，但共通之处，便是对他们的**知性的赞赏**。因为蒙田极为重视知性。

蒙田断言，再也没有比求知欲更根植于人类本性的欲望了，因此人会试遍一切方法。运用理性不必说，当缺少理性时，会运用经验。

换句话说，蒙田基本上将理性视为知性的源泉予以重视，但他主张当缺少理性时，是可以靠经验弥补的。他想要加以试验的判断力，便是除了理性之外，受到经验支持的强韧的知性。的确，只要同时具备理性和经验，无异于如虎添翼。因为在哲学史上，长期以来一直有着理性与经验何者更为重要的争议。

如果能两者兼具，自然再好不过了。

蒙田还提出了“Que sais-je”这个问题，就是开头介绍的“我知道什么”的意思。尽管饱览群书，具备超乎常人的知性，蒙田却不停地提出这个问题，直到最后。这意味着他毕生都在追求理想的生活方式。

我们恐怕是一无所知的，因此才会求知若渴，一辈子寻寻觅觅。也许活着就是这么回事。因为**如果停止求知，就失去生而为人的意义了**。

我知道什么？

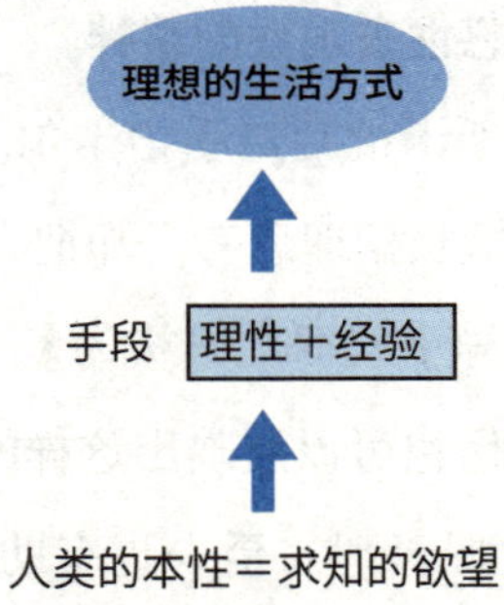

主要著作

《蒙田随笔》：如实观察人，非系统性而是随心所欲撰写的随笔文学。

蒙田
（1533 — 1592）

近世哲学

帕斯卡 —— 敏感性精神

何谓思考？

什么是思考呢？听到思考，我们很容易想到逻辑性的思考，但法国思想家帕斯卡主张，单是这样还不够。

帕斯卡在其主要著作《思想录》的开头，主张人需要具备“**几何学精神**”与“**敏感性精神**”。所谓几何学精神，是以定义和原理去客观分析事物的精神。相对的，敏感性精神指的是以直觉去鸟瞰整体的精神。亦即，**几何学精神是合理思考的精神，而敏感性精神则是以感性去观察的精神**。

在这一点上，帕斯卡批判对手笛卡尔，说**笛卡尔不懂敏感性精神**。因为笛卡尔擅长据理思考，却把人当成机器。

帕斯卡则主张人异于机器，是极为复杂的，必须更深入了解才行。他下面这段话也可以反映出这样的想法：“人必须了解自我。即使无助于发掘真理，至少也有助于规范自己的生活。而且再也没有比这更正当的事了。”

帕斯卡的基本观点是，**人类在精神上是脆弱的**。因此人只要在前方摆上一个可以遮蔽视野的东西，看不到前方的绝壁，就可以安心地朝绝壁奔去。因为如果胡思乱想得太严重，将会连一步都无法跨出去。他这样描述想象力如何与人为敌：“想象会做出夸大的评估，把渺小的对象扩大到充斥整个灵魂，而鲁莽的自大则会将巨大的事物缩小到自己的格局，就像我们在谈论上帝时那样。”

帕斯卡留下的许多箴言历久弥新，能为现代人的生活方式及解决烦恼提供极有帮助的指南。《思想录》的法文原名Pensées，即是“思想”之意，但我们必须留意，它指的不单是逻辑性的思考，还包括了感情所感受到的内容。

实际上我们在思考问题的时候，也应避免只知道逻辑性的死板思考，设法**同时善用感情来做全面性的评估**。

思考

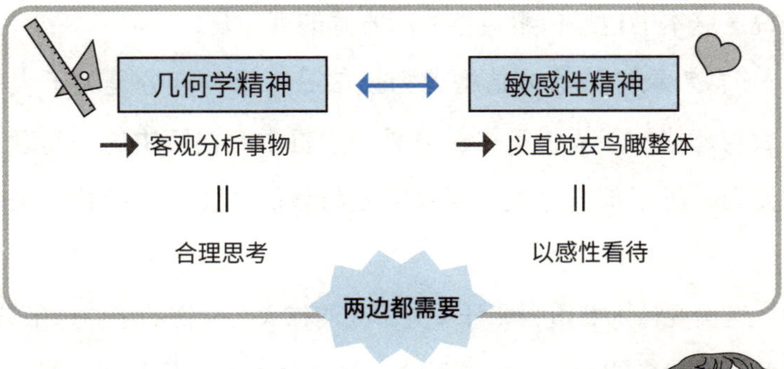

生平与思想

法国科学家、思想家、道德家。以随笔风格描写人的生活方式。在数学、物理学方面也有许多发现，“帕斯卡定理”即是其一。

帕斯卡
(1623 — 1662)

近世哲学

帕斯卡 —— 会思考的芦苇

人与植物有何不同？

人与植物都是生物，但我们将人类与植物严格区分开来，这是为什么？对于这个问题，**帕斯卡**的《思想录》明确地提示了答案。

《思想录》通过分析人类的思考与行动，最终目的在于证明基督教的真理性。不过另一方面，帕斯卡也是借由随笔形式分析人应有的样貌、劝人在道德上向善的“**道德家**”。从这个意义来说，这本书也是探索道德生活方式的著作。

《思想录》的具体结构分为三部分。第一部分是关于人的伟大与悲惨的矛盾；第二部分是关于哲学家在解决这个问题上的无力；第三部分是关于基督的爱将我们从悲惨中拯救出来的救赎。

这里要特别着重强调开头关于人的伟大与悲惨的矛盾这部分。这部分最知名的句子，应该是“**人是会思考的芦苇**”吧。芦苇是脆弱的植物，轻易就会折断。正确地说，帕斯卡是这么说的：**“人类不过是大自然中最脆弱的一根芦苇，却是会思考的芦苇。”**

人类就像芦苇一样，是脆弱的存在，但是在会思考这一点上，人类与芦苇完全迥异。选择芦苇这种植物，可以看出帕斯卡独特的感性。

思考这个行为，是人类独有的。反过来说，这也表示人需要思考、需要烦恼的事情很多。但人绝不会丢下烦恼或是逃避，而是努力去面对它。在这一点上，人比植物更要坚强。我们虽然会为自己的脆弱和悲惨而叹息，但那正是我们比植物和动物更加伟大之处。

我们必须认清人类的这种脆弱与坚强，并更加感觉到思考的伟大。换句话说，重要的是先接纳自己的脆弱，然后再通过思考站起来。因为唯有这么做，我们才能活得像人。**否定脆弱是不对的，放弃思考也是错的**。这就是帕斯卡想要表达的意思吧。

人是会思考的芦苇

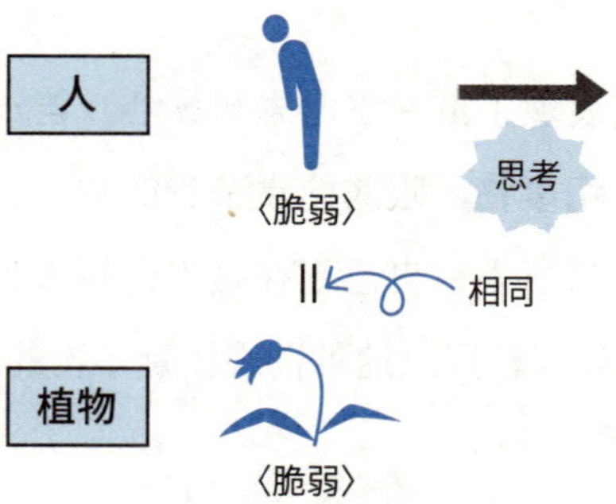

主要著作

《思想录》：整理帕斯卡留下的残篇断简而成，主题五花八门，包括神学、哲学、道德等，也有许多适用于现代的名言。

帕斯卡
（1623 — 1662）

欧陆理性主义

笛卡尔 —— 普遍怀疑论

世上有绝对不容置疑的事物吗？

这世上有绝对不容置疑的事物吗？“Cogito ergo sum”可以回答这个问题。这是近代法国哲学家**笛卡尔**所说的话，也就是“**我思故我在**”的拉丁文。有时也称为“笛卡尔的我思故我在”。

当时的论文一般都以拉丁文书写，但笛卡尔为了让自己的论文被一般人广泛阅读，刻意使用法文撰写，因此这句话原本是用法文写下的。

这句话在内容上展现了笛卡尔的思想核心。**笛卡尔为了发掘真理，因此怀疑一切事物**。眼前的桌子真的存在吗？那边那个人会不会其实是个机器人？自己现在是不是置身梦中？眼前所见的不必说，连梦都要怀疑。这种彻底怀疑事物的思考方法，就叫作“**普遍怀疑论**”。

像这样**彻底怀疑一切后，最后留下的就只有进行怀疑这种行为的自我意识**。也就是，即使怀疑自己可能正在做梦，但自己的意识正在怀疑这件事的事实，是唯一可以确定的。因此唯有自己的意识是不容置疑的。

这绝对不容置疑的自我意识，是唯一确定的存在。**在怀疑**

之前，自己是埋没在世界里的，但借由彻底地怀疑，我们可以将自己的意识与此外的事物区别开来。

就像这样，笛卡尔认为自我的意识是绝对的，他的思考即是**以自我这个主体为中心来思考的近代思想的原点**。从此以后，后世的哲学家便以如何确立及提升主体为主题，展开思考。

这个结论虽然很有趣，但更有意思的是方法论的部分。也就是不断地怀疑的方法。这与坚定不移地相信是完全相反的。坚定不移地相信很辛苦，但不断地怀疑也很累人。不过**不只是哲学，在科学等领域，为了觅得真理，也必须彻底地去怀疑**。从这个意义来说，笛卡尔的我思故我在，是所有的学问都应该参考的方法论。

普遍怀疑论

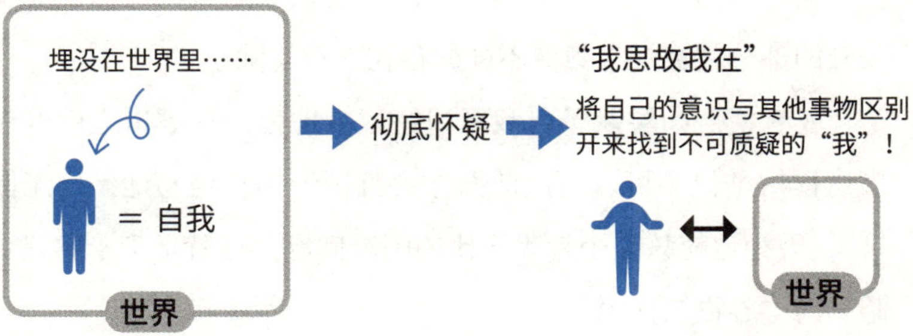

生平与思想

法国哲学家，理性主义哲学之父。以认为不容置疑的只有意识的名言“我思故我在”而闻名。

笛卡尔
（1596 — 1650）

欧陆理性主义

笛卡尔 —— 心物二元论

身心是两样不同的东西吗?

心灵与身体是什么关系？这两者是一样的吗？如果不一样，至少也相依相连吗？或者是完全无关的两样东西？对于这道难题，笛卡尔轻易地做出了回答。

笛卡尔说“我思故我在”，做出结论认为唯有“我”的意识不容置疑。就像这句话所象征的，“我”的意识被赋予了特权的地位。

但并非这样就皆大欢喜了。因为意识成为特权以后，心灵以外的部分就被视为截然不同的存在而被排除了。

或者说，如果赋予自我意识特权的地位，在逻辑上就非做出这样的结论不可。因此前面才会说笛卡尔“轻易地做出了回答”，因为这应该是个棘手无比的困难问题。这就是笛卡尔恶名昭彰的“心物二元论”。

笛卡尔认为**心灵、精神是“思考（思维）”，但此外身体的一切物质，都与机器一样，不过是“广延”**。广延也就是单纯地扩大。然而持有这样的观点，具体实践上会出现问题的，就是**无法说明心灵与身体的关系**。

就像俗语“病由心生”“压力是万病之源”“健全的心灵寓

于健全的身体”，以常识来看，**心灵与身体应该还是息息相关的**。即使从科学的角度来看，应该也会萌生疑问：“那为什么难过的时候会掉眼泪？”若将两者视为性质截然不同的两样东西，那么该如何解释这种现象才好？

对此，笛卡尔说大脑有个部位叫松果体，上述现象便是大脑与松果体相互作用之下产生的结果，但是再怎么想这种说法都太牵强了。这个问题让后世的哲学家头疼不已。

话说回来，笛卡尔提出的这个问题本身是极为重要的。就像我们也认同的，自我的意识具有特权地位，但这样一来，究竟该如何定义身、心的关系？活在现代的我们，也同样面临这个问题。

心物二元论

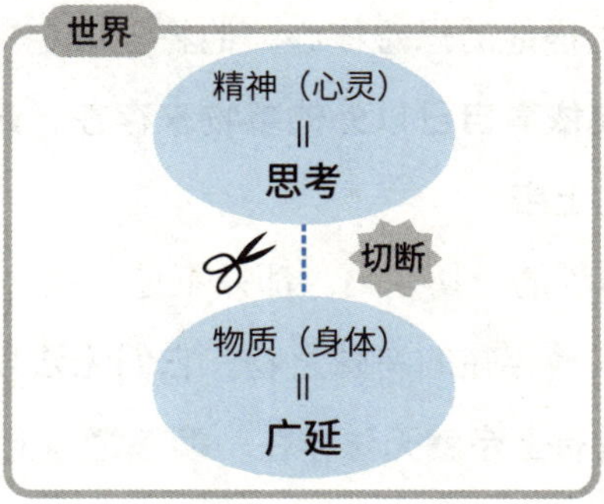

主要著作

《方法论》：考察导出真理的方法。名言“我思故我在”也出现在这本书中。《第一哲学沉思集》：从心物二元论谈到证明神的存在。

笛卡尔
（1596 — 1650）

欧陆理性主义

斯宾诺莎 —— 泛神论

上帝是什么？

上帝是什么？从某种意义上来说，这可以算得上是西方哲学的终极课题。许多哲学家绞尽脑汁试图回答这个问题，其中斯宾诺莎的回答可以说是独树一格。

斯宾诺莎是承袭笛卡尔流派的欧陆理性主义哲学家之一，因此他也同样试着以人类的理性去理解世界。

斯宾诺莎亦试图以此观点去解释“上帝”。其中的主题便是“**实体论**”，这也是他的思想核心。他将上帝定义为实体。**所谓的实体，不需要依靠自己以外的事物来存在。这样的存在，就只有独一无二的上帝。**

因此上帝以外的一切事物，都只不过是在一定的限制之内，有时间性、有限地存在的特殊之物。**它们无法以自己作为存在的依据，因此没有上帝就无法存在。**换言之，上帝以外的事物，都只不过是上帝的“样态”。当然，就连大自然也是。上帝是大自然内在的存在根据。上面所说的**将上帝视为万物根源的立场，或是认为一切事物都有神明的想法**，就叫作“**泛神论**”。

作为唯一实体的上帝，不仅是自我存在的原因，更是一切事物存在的原因。更进一步说，上帝不只是单纯的原因，还是

“动力因”。斯宾诺莎认为**一切事物的运动，都是上帝所决定的必然**。

就像这样，一切存在的根据都是上帝。比方说，能够感知到上帝的线索称为“属性”。具体来说，“思考（思维）”与“广延”便相当于此。而对应这两种属性，有精神界与物质界这两个世界。但斯宾诺莎认为，这些也同样只不过是上帝的两个面向。因此人的精神，也是上帝的精神的一部分。故而人的幸福必须在亲近上帝中寻找。

在西方，这算是异类观点，但日本神道教说世上有八百万神明，日本人认为一切自然皆有神明栖宿其中，所以这也许是日本人比较容易亲近的观点。

泛神论

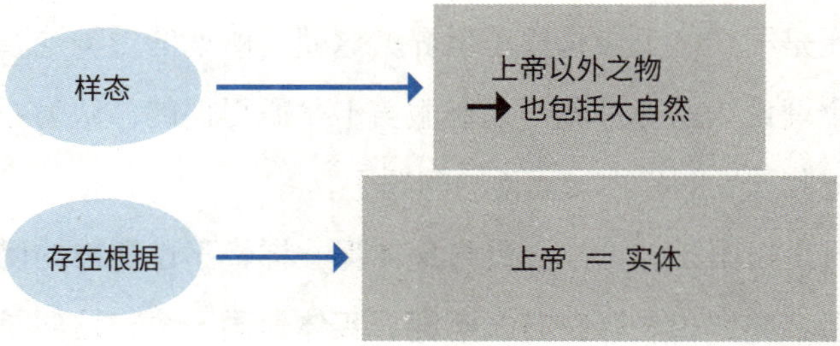

生平与思想

荷兰哲学家。被归类为欧陆理性主义。他在自由主义方面的言论被视为危险思想，被逐出犹太教。在泛神论方面的论述亦十分有名。

斯宾诺莎
（1632 — 1677）

欧陆理性主义

斯宾诺莎 —— 身心平行论

身心不能是一体的吗？

关于心灵与身体的关系，笛卡尔已经提倡过心物二元论。即心灵是特别的，此外的事物，包括身体在内，都只不过是心灵的广延。也就是说，身、心这两者是毫无关联的。这样的主张虽然总让人觉得不太对劲，却又不知道该如何解释才好。要怎样才能说明身心是一体的呢？思考这个问题时，可以参考**斯宾诺莎**的**身心平行论**。

斯宾诺莎认为唯一完全的存在、至高完全者，也就是上帝，上帝便是一切，上帝构成了世界。这便是所谓的泛神论。如果以这个理论为前提，就可以克服笛卡尔所提倡的、认为心灵与身体彼此独立的心物二元论的问题了。

因为根据泛神论，**心灵与身体都一样，不过是神的两种样态罢了。亦即仅是存在方式不同，实体是同一个**。这便是身心平行论。斯宾诺莎原本就是承袭始于笛卡尔的欧陆理性主义潮流的思想家，他将批判性地继承笛卡尔的思想视为使命之一。而笛卡尔最大的问题是心物二元论，因此从这个意义来看，斯宾诺莎可以说化解了这个最大的问题。不过如果以他的基本思想泛神论为基础，这便是理所当然的结论。

这里需要注意的是，虽然斯宾诺莎将心灵与身体视为同一事物的两个侧面，但并不认为它们会影响彼此。笛卡尔的问题是将心灵与身体视为不同的事物，导致无法解释它们彼此影响的关系性。而斯宾诺莎虽然提出两者实为一体的说法，但也只是一体而已，并不等同于这两样不同的事物会影响彼此。所以才会被称为平行论。

一般我们认为的身心关系，是其中一方影响另一方。尤其笛卡尔将意识视为特权的观念，是心灵会对身体造成影响。而斯宾诺莎平行论的独创之处，在于他消除了心灵与身体的主动、被动关系。

身心平行论

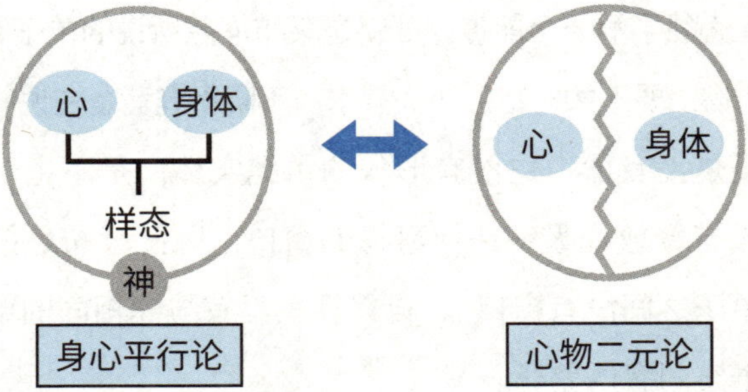

主要著作

《伦理学》：包括了存在论与认识论等广泛主题的伦理学著作。关于泛神论的世界观也在本书中被提出、阐述。

斯宾诺莎
（1632 — 1677）

欧陆理性主义

莱布尼兹——单子

构成世界的原理是什么？

构成这个世界的原理是什么？最接近的答案应该是原子。但原子只是物理要素，因此不可能构成精神要素，也就是心灵或上帝这类事物。接下来要介绍的**莱布尼兹**，创造出一种囊括一切要素的物质，那就是**单子**。

单子的原文是 monad，源于希腊文“monas”（单一者），莱布尼兹试图运用这个概念，来解释宇宙的调和。

首先必须了解一个前提，那就是莱布尼兹所说的单子完全是想象中的产物，要不然一定会一头雾水，不晓得究竟是在说些什么。

单子是没有体积也没有形状的单纯实体，是不生不灭的存在。也没有释放或吸纳任何事物的窗口，因此莱布尼兹将之形容为“单子之间没有窗口”。自然界里没有与此相同的单子，而各个单子之间有所差异。

单子本身会从赤裸的单子状态，转变成灵魂与精神。而这样的变化会不断地显现在形态上。这便是单子的一切活动，而使单子变化的原理，就是欲望。**透过欲望这样的原理，一个表象会转变为另一个表象，也就是呈现的形态会不断地改变**。

另外，莱布尼兹说各个单子能通过相互作用来构成宇宙。

亦即所有的单子共同构成宇宙，同时一个单子也反映出整体。借由这样，单子可以得到无限多的变化与多样性，同时单子之间也建构起普遍的秩序及关系。

莱布尼兹将其比喻为“单纯实体是照出宇宙的一面永恒的活镜”。也就是说，**通过单体反映整体，整体反映单体，宇宙“普遍性的调和”（预定和谐）得以成立**。

莱布尼兹这样的世界观，不可思议地令人联想到现今的网络社会。许多节点相互联结，建构起世界，而每一个节点不尽相同，却又反映出世界。莱布尼兹这套不可思议的单子论，也许是现代人更应该重新审视的思想。

单子

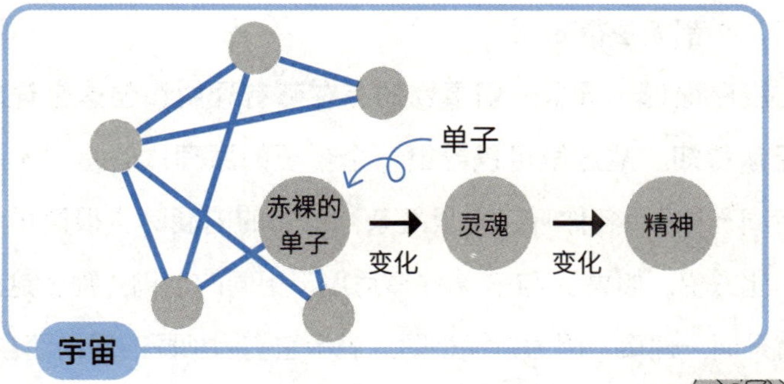

生平与思想

德国哲学家、数学家。继承笛卡尔所开启的欧陆理性主义潮流。提出独特的概念——“单子”。

莱布尼兹
（1646 — 1716）

欧陆理性主义

莱布尼兹——充足理由律

事物为什么存在？

事物为什么会存在？一样东西能与另一样东西区别开来，是因为它们各自拥有存在的理由。**莱布尼兹**的**充足理由律**以这样的观点来解释事物存在的理由。

“充足理由律”这个词看似深奥，不过我们可以先从莱布尼兹的定义看起：“一件事若没有变成如此而非其他的充足理由，任何事实都无法存在，任何命题也无法为真。不过，这些理由我们几乎都无法得知。”

浅白地说，就是**一切事物的存在都有理由，但这个理由我们无从得知**。从这里可以导出一个重要的原理，就是“不可分辨者同一律”。名称听起来很复杂，但它的内涵其实很简单。

比方说，如果 A 与 B 两件事适用于相同的谓词，那么这两件事就是同一件事。因为谓词相同，表示它们因相同的理由而存在。

用别的观点来解释，就是：莱布尼兹认为主词包括了描述它的一切谓词，不过我们无法知道它全部的内容。譬如“亚历山大大帝”这个主词里，包括了关于亚历山大大帝所能描述的一切事项，但我们只能知道通过历史得知的他的事迹。这些谓词的部分不尽相同，因此主词的意义也会随之不同。因为没有人过着与亚历山大大帝完全相同的人生。

这种情况，上帝也不能例外。因为上帝也有存在的充足理由。不过，上帝是特别的存在，因此不会像刚才的 A 和 B 那样，被赋予相同的存在理由。

附带一提，对莱布尼兹而言，上帝既是被造物的世界中的调和者，也是带来调和的创造者。这样的存在理由，确实是其他事物不可能有的。

其实这个原理，与莱布尼兹提出的构成世界的原理**单子论**直接相关。单子因为各自拥有不同的理由，所以才能存在。莱布尼兹认为，当个别的构成要素像这样因不同的理由而存在时，这个世界便达到了至善。

充足理由律

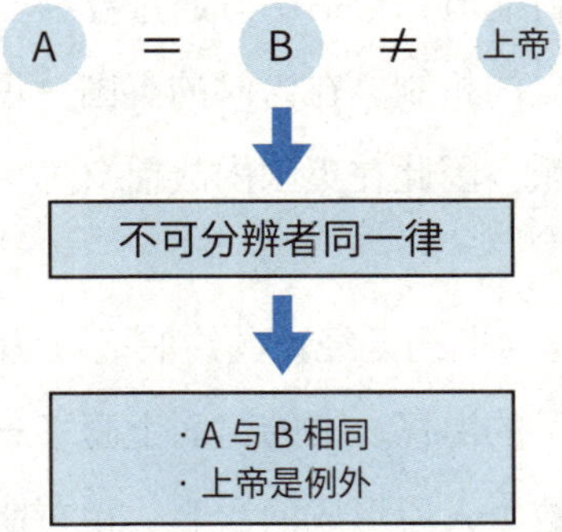

主要著作

莱布尼兹的著作大部分未完成，但为数庞大的论文和书简被整理为《单子论》《关于形而上学的对话》。

莱布尼兹
（1646 — 1716）

社会契约论

霍布斯 —— 利维坦

绝对权力要如何建立？

绝对权力是如何诞生的？当然，也有强迫式地以暴力压制民众的做法，但那会招来反抗，因此无法确保真正意义上的绝对性。

实际上在欧洲，在君权是上帝所赋予的正统支配权这样的**君权神授**思想下，君王一直享有绝对的权力，但人民怀有巨大的不满。因此英国思想家**霍布斯**想出了一个让人民也能接受的新理论。

霍布斯在《利维坦》一书中，通过**社会契约**这个理论，确立了近代国家成立的机制。在当时的英国，霍布斯被视为肯定王权支配的保王派，因此在英国内战前夕逃亡到法国，在巴黎写下这本书。

利维坦原本是《旧约圣经》(《约伯记》) 里登场的一头“拥有地上无双之力”的海怪。书的封面上画了一个疑似利维坦的国王，穿着由无数个人所形成的衣服。霍布斯就是以这个书名来象征绝对君权。

在绝对君权之下，法律也被视为当权者的命令，法治观念退居幕后，臣民被要求服从于当权者。霍布斯强调，违背君权的人可以通过教育进行矫正，因为利维坦必须是绝对的权威。

霍布斯解释这绝对的权力来自个人之间的契约。也就是**通过个人之间的契约，将自然权利让渡到当权者手中**。作为回报，当权者会保护个人。就像这样，**当权者通过被支配者本身的信赖与认可，建立起强大的国家主权**。这就是利维坦绝对性的根据。

“绝对权力如何产生”这个困难的命题，终于看到答案了。**许多平等的个人，从漫无秩序的状态，通过契约般的合意，打造出权力**。霍布斯是第一个提出这种概念的人。

从这个意义来说，《利维坦》不仅影响了其后的洛克及卢梭的社会契约论，更作为打下现代立宪主义国家基础的古典作品而受到肯定。

利维坦

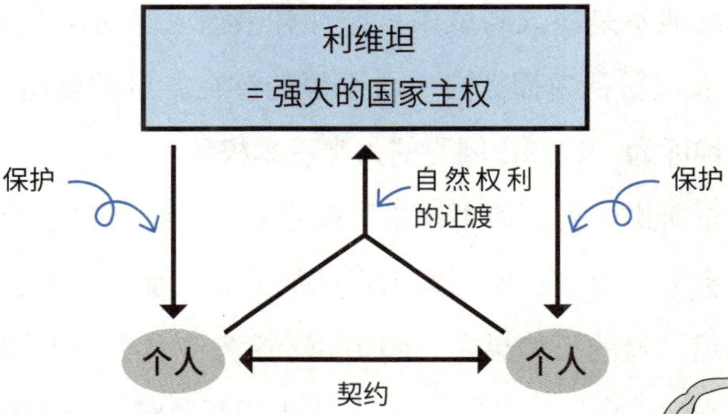

生平与思想

英国哲学家。为了避免自然状态中“所有人对所有人的战争”，提出将权利让渡给君王的社会契约论。

霍布斯
(1588 — 1679)

社会契约论

霍布斯——所有人对所有人的战争

如果没有国家，会发生什么事？

如果没有国家，我们会发生什么事？相互谦让过日子，还是彼此争夺？我们的国家虽然还好，但放眼全世界，陷于后者状态的地区似乎更多。也许这就是人类的本质。**霍布斯“所有人对所有人的战争”**的观念便对这样的理论提出了尖锐的批判。

霍布斯批判中世纪国家的样貌，试图提出近代国家成立的理论。他认为这必须从考察构成国家的人开始做起。

因此他不是将人当成中世纪那种被嵌入身份阶级的存在，而是将人重新视为拥有自由与平等的存在。这种**自由与平等，正是他称呼为“自然权利”的人类基本权利**。

霍布斯说，人会追求快乐，躲避痛苦，维持自己的生命活动。人会为了这些目的而运用自己的力量。那么，为了维持生命而运用力量的人如果在一起相处，会发生什么事？霍布斯将此状态称为“**自然状态**”。这正是**人人相互敌对，为了满足自己的欲望而争夺的“所有人对所有人的战争”状态**。

为了避免如此可怕的混沌状态，人首先寻求自然法来作为抑制战争的智慧。自然法就是**每一个个人为了追求自然权利，共同遵守规则的默契**。

但是自然法的约束力逃不出良心的范畴，因此不足以保障和平。所以人开始寻求外在的权力，这就是国家。而**设定这种外在权力“国家”的方法，就是**社会契约。这里所说的社会契约，指的是将权利委任给第三者的契约。也就是只要别人也同意，人便会为了自我防卫而放弃自己的权利。等于是大家说完“一、二、三”，同时放下武器。

而这时会任命一个人来扛起所有人的人格，将判断委托给他。当这一点实现，所有的人统一为一个人格时，国家于是形成。

国家是一群平等的个人为了确保自己的生存，而构想出来的“人造人”。书名《利维坦》，便意味着这种人造人的国家。

所有人对所有人的战争

主要著作

《利维坦》：封面是由许多个人所形成的怪物（国家）。

霍布斯
（1588 — 1679）

英国经验主义

培根 —— 偶像

怎样才能破除偏见？

我们的脑袋可以说充斥着偏见。看到衣衫褴褛的人和西装笔挺的人，就会认为穿西装的是有钱人，但实际上如何，我们无从得知。到底该怎么做，才能破除这样的偏见呢？这时**偶像**（idola）的概念可以作为参考。

所谓 idola 是**培根**提出来的术语，译为“偶像”或“幻影”，简言之，就是偏见或先入为主的观念，也就是成见。想要掌握真理，就必须破除既有的成见。培根把这些成见称为“偶像”，并将其分为四种。我们依序来看看这四种偶像。

第一种是“**种族偶像**”。这是人类固有的偶像，起因于**知性受到感情或感觉的迷惑**。因为人会执着于自己所主张的立场，只能从这个角度来判断事物。

第二种是“**洞穴偶像**”。这是因个人狭隘的环境所造成的成见，就如钻进狭窄的洞穴一般。**人会因为所接受的教育、对其有影响的人物、读到的书，而陷入狭隘的思考。**

第三种是“**市场偶像**”。这是**语言造成的成见**。人类对语言的力量难以招架，就如同我们会不由自主地相信在市场上听到的小道消息。而在现代，比起市场八卦，也许网络上泛滥的言论更是主因。

第四种是“**剧场偶像**”。这是**对权威与传统的盲从**所造成的成见。比如眼前有一则完整的故事，人就会轻易地相信，宛如受到在剧场观赏的戏剧内容的强烈影响一般。也就是看了电影，仿佛化身主角的那种感觉。

只要留意以上四种偶像，在日常生活中稍微怀疑一下自己的思考态度，应该就能有莫大的改变。也可以将自己的想法列成清单，看看是否符合培根所说的偶像。

培根说，“**知识就是力量**”。这句话指出人类通过了解自然机制，可以变得更为强大。为了成长，首先必须破除成见。唯有获得正确的方法，朝着正确的目标迈进，学问才能成为力量。

偶像

种族偶像 → 人类固有的成见	**洞穴偶像** → 源于个人狭隘环境的成见
市场偶像 → 语言造成的成见	**剧场偶像** → 对权威与传统的盲从造成的成见

生平与思想

英国思想家，英国经验主义的创始人。在“知识就是力量”的口号下，主张以知识了解自然。

培根
（1561 — 1626）

英国经验主义

培根 —— 归纳法

一般法则是如何导出来的？

世上有许多公式和原理，它们是怎么被发现的呢？一般法则究竟是如何被导出来的？思考这个问题时，培根的归纳法很有助益。

培根是英国经验主义之祖，提倡通过经验来认识观念，他提出了通过实验与观察来认识的归纳法。与其相对立的概念是演绎法。归纳法和演绎法分别对应经验主义与理性主义两种思想立场，可以说都是推理事物的方法论。

首先，**归纳法是通过实验与观察，整理个别的事例，从呈现出来的现象，导出一般性、普遍性的法则的方法**。在重视个别经验这一点上，是源于英国经验主义的思考方法。

譬如说，观察昆虫、兔子等不同的生物，就可以发现它们都是由细胞组成的，由此可以导出生物普遍都是由细胞组成的一般法则。这就是归纳法思考。

相对的，**演绎法是从一般前提出发，依据三段论等逻辑法则，导出个别事实的方法**。

譬如说，三角形的内角和是 180°。而从 n 角形的其中一个顶端拉出对角线时，形成的三角形数目是 n−2。如果是四角形，就是 4−2=2，会形成两个三角形。

以此为前提，n 角形的内角和便是 180° ×（n-2）。因此五角形的内角和就是 540°，六角形的内角和就是 720°。这可以说是不论个别经验事实，直接以一般法则为前提，通过理性主义做出结论的思考方法。

归纳法和演绎法都是重要的思考方法，但是在日常生活中，我们还是比较熟悉对个别例子反复进行实验与观察，导出一般法则的方法。不仅是科学领域，在所有的领域中，应该都是像这样思考的。因此只要稍微刻意地去运用归纳法，就能在这样的日常思考中导出一般性的法则。请你也来试试看。

归纳法

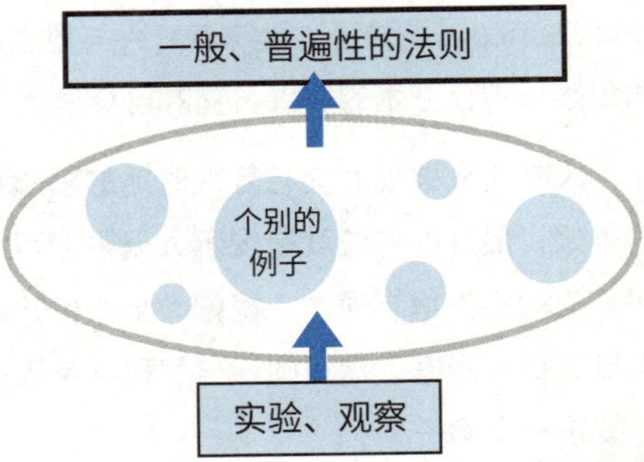

主要著作

《新工具》：提出利用排除四种偶像，摒除成见地观察事物的归纳法，便可以提升人类的智慧。

培根
（1561 — 1626）

专栏二

文艺复兴时期着重于人的理由

第二章介绍了文艺复兴时期的几名思想家。应该有不少读者注意到了，文艺复兴时期，哲学家的目光几乎全放在人的身上。这是为什么？

因为中世纪时期，世界长期处在基督教的支配下。也就是说，在中世纪，世界的中心是上帝，人类被贬抑为上帝的配角。至少思想家似乎是这么认为的。事实上，只要看看中世纪的绘画就可以知道，主题几乎都是基督像或圣母玛利亚像。

就在这期间，兴起了促使人文复兴的浪潮。文艺复兴（The Renaissance）是法语，意味着复兴与重生，但不像一般常说的仅限于古代艺术的复兴，它的目标是人文的复兴。

因此，人文主义被视为文艺复兴时期的思想特征。想要显示人的美好，最好的方法就是揭示人无限的可能性。因此在这个时期，被称为博学通才、犹如“全方位艺人”的人物便成了英雄。身兼画家、建筑师、自然科学家等多重身份的达·芬奇就是一个例子。

另如本书并未介绍，但提倡自由意志赋予人类无限可能性的米兰多拉，也是文艺复兴时期具有代表性的思想家之一。以文艺复兴时期礼赞人类为原动力，近代哲学逐渐开花结果。

Chapter

3

穷究理性的极限

从英国经验主义与欧陆理性主义的对立，到德国的观念论

• 057 — 094 •

英国经验主义

洛克 —— 白板

观念是如何形成的?

我们的心中拥有形形色色的观念。那么这些观念是如何形成的呢？是与生俱来的，还是在某处得到的？**洛克**的“**白板**”（tabula rasa）概念可以解答这个疑问。

英国思想家洛克试图否定笛卡尔等人所提倡的，人拥有与生俱来的这种“**先天观念论**”。观念是思考对象的心象，也就是当我们在想什么时，心中所浮现的事物。在十七世纪的欧洲，人的知性被认为是神所赋予的，因此当时先天观念论是一般的观点。

洛克就是对这种普遍的观点提出异议。而这必然与他的主张有关：**刚出生的人拥有白纸般的心**。洛克将这白纸般的心称为“白板”。

白板在拉丁文中是“空白书写板”的意思，也可以说是白纸般的心。即我们将通过经验得到的知识，逐渐填写到白纸般的心上。

逐渐写满心中的白纸，这应该很容易想象。如果见闻到什么，就加以理解，把它变成自己的一部分。新的点子不断地在心中累积，宛如填满只属于自己的点子簿。

就像这样，**外界事物刺激我们的感官，将印象赋予白纸般的心，观念于是产生**。这就是**经验**。更正确地解释洛克的想法，他认为经验具有“感觉”与“反省”这两种过程，会生出观念，使人能够行使认知行为。

这里的“感觉”，是指外界事物刺激视觉、听觉、触觉等感官，我们感知到这些刺激形成的心中印象，就会引起思考、怀疑、兴起意志等反应，这种反应就叫作“反省”。

观念不是与生俱来的，而是通过经验养成的，这种看法叫作**英国经验主义**。相对的，**法国的笛卡尔、荷兰的斯宾诺莎认为人天生就被上帝赋予了观念（先天观念论）**，他们的思想被称为**欧陆理性主义**。应该如何克服这两种思想的矛盾之处，是探究人类思考力（理性）重要的课题。

白板

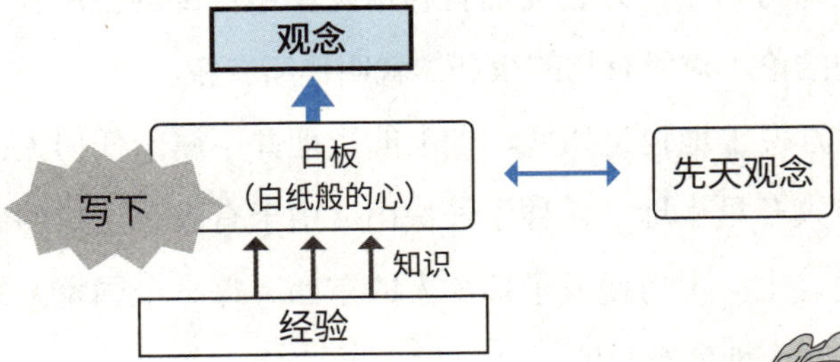

生平与思想

英国哲学家，英国经验主义的完成者。从经验主义的角度发展了认识论。在社会契约论等政治思想方面也十分有名。

洛克
（1632 — 1704）

英国经验主义

洛克 —— 自然权利

何谓自然权利？

自然权利这个词我们耳熟能详，但它究竟是什么意思，却意外地难以回答。自然权利从古希腊时代便存在，是人类原本就拥有的权利，但它的意义随着时代不断地变迁。特别是近代以后，被放在以社会为基础的关系中谈论的自然权利，可以参考社会契约论家的主张。这里要介绍的是英国思想家**洛克**的主张。

洛克首先提到，个人拥有自己的身体。而拥有身体，代表拥有生命与自由，并且**能拥有利用身体所得到的生产物**，这是洛克的结论。对所有物的权利，就叫作**所有权**。

比方说土地也是如此。世上的土地并不属于任何人，但假设有个人开垦土地，耕种了一块田，由于有农耕这样的劳动加诸土地之上，土地便成了那个人的东西。每一个国家，都是这样建立起土地所有权的。

所有权也就是排他性地使用、占有自己拥有的对象物。这便是自然权利的意义。

因此，自然权利便具备了和他人的身体相同的意义，当然不可侵犯。以法律的形式来担保这一点，便是作为理性法律的

自然法。从这个意义上来说，受到自然法保护的自然权利，便成了洛克自由与权利的依据。

因为自然权利如此重要，因此洛克希望对它做出万全的保障。当然，虽然有自然法，但自然法凭恃的是每个人的理性，并没有强制力。

若社会处于无政府的自然状态下，自然权利当然也随时暴露在威胁中，因此洛克提议通过社会契约来保障权利。同时顺理成章地归结，洛克的社会契约论将自然权利定义为最顶端的事物。这也是为什么**洛克认为对于侵犯自然权利的政府行为，人民拥有抵抗权**。

自然权利

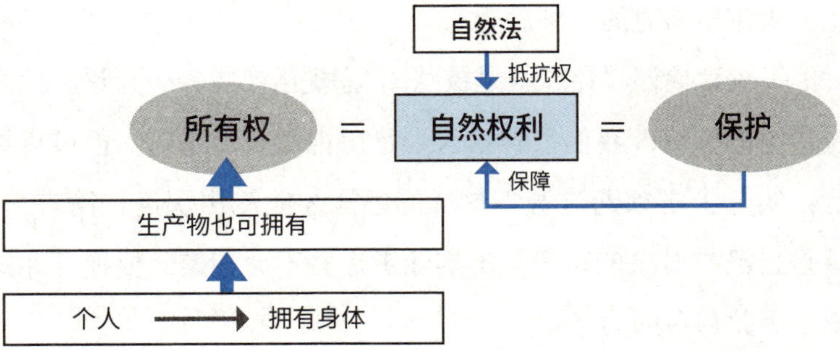

主要著作

《人类理解论》：确立英国经验主义的认识论。《政府二论》：对君权神授的反驳（第一论）及社会契约论（第二论）。

洛克
（1632 — 1704）

英国经验主义

贝克莱 —— 知觉的一元论

感知是怎么一回事？

感知究竟是怎么一回事？一般都会认为感知就是看到或感觉到事物。但爱尔兰出生的思想家贝克莱认为感知还有更深的意义，也就是感知本身保障了事物的存在。简单地说，就是**事物因为被感知而存在**。

同样是英国经验主义者的洛克将性质区分为两种，**形状、长度、重量等为初性，气味、色彩、味道等为次性**，但贝克莱正面否定了洛克的这种思想。

贝克莱提倡“存在就是被感知”，提出**知觉的一元论**。比方说事物的深度，我们很容易认为是用视觉来测量的，但贝克莱说，实际上必须通过触觉这样的感知才能测出深度。简言之，就是自己与对象的距离，不实际走走看不会知道，要摸了才知道。因此存在即为感知。

贝克莱认为，这个世界存在的就只有精神与观念。精神是进行感知的主动存在，而观念是被感知的被动存在。反过来说，仅靠纯粹的思维，是无法决定事物是否存在的。这与笛卡尔认为事物是借由意识而生的观念完全相反。

依据贝克莱这样的想法，在自己**实际上并未感知到的时候，**

事物有可能不存在。也就是在玩“一二三木头人”的时候，在回头以前，也许根本没有人在背后。不过对于这个疑问，贝克莱以上帝作为解答，也就是**因为上帝随时感知着万物，因此即使无人看到，事物依然存在**。有这样的解答，主要是因为他的神职人员身份。

贝克莱知觉的一元论乍看之下似乎很不现实，但他想要表达的应该是，对象的存在与每一个人的经验密切相关。事实上，重要的是“事物对我而言是怎么样的”。因此**事物的意义会因人而异**。从这个意义上来看，也不能说贝克莱的想法荒唐无稽。

知觉的一元论

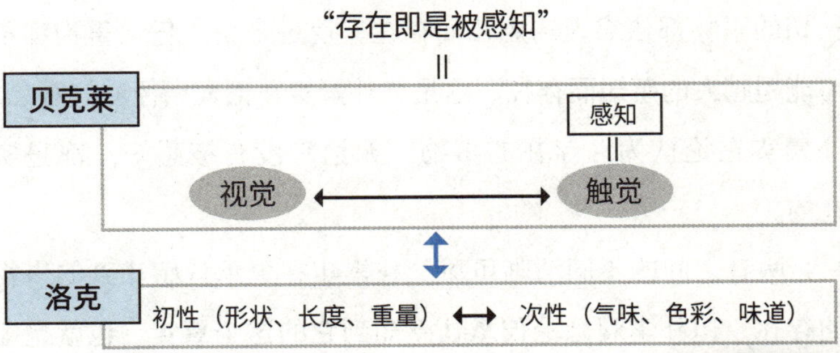

生平与思想

爱尔兰哲学家，英国国教派主教。继承经验主义，但否定物质的客观性，提倡以感知为基础的独特观念论。

贝克莱
（1685 — 1753）

英国经验主义

贝克莱 —— 朴素观念论

摸到就等于存在吗？

请摸摸眼前的桌子，你能说那张桌子实际存在吗？也许你会生气，说这是什么废话，但你怎么能保证摸到的就一定存在呢？被这么反问，你是否一下子窘了？摸到就等于存在吗？要思考这个问题，必须先厘清感知与存在的关系。这时可以参考**贝克莱**的**朴素观念论**。

贝克莱被视为主张朴素观念论的学者。朴素观念论认为，一切的事物都依靠人的感知而存在。反过来说，**任何事物都不可能超越人的感知而存在**。这是与朴素实在论大相径庭的观念。朴素实在论认为，存在的事物，无论有没有被感知，都是实在的。

两者之间的不同清晰可见，朴素实在论承认感知到的事物的存在，但朴素观念论**仅承认感知到它的这个事实**。也就是即使触摸到了，但是否真的存在，又是另一个问题了。

从朴素观念论的角度来看，**感知到的自我外部的事物，只不过全都是精神活动而已**。因此没有所谓的外界可言，那只是上帝对人类精神的作用罢了。就像这样，贝克莱站在一切都发生在心中的**唯心论**立场，同时将上帝视为存在的原因，所以也被称为有神论的唯心论者。

基于以上的理由，可以很清楚地得知，摸到并不代表对象物可以脱离感知而存在。

附带一提，贝克莱虽然是承袭英国经验主义流派的思想家，却有不能与一般经验主义混为一谈的特别之处，那就是他**将精神视为物质般的存在**。但他确实不是一个观念论者。虽然这里将他的思想以朴素观念论来形容，但其内容与笛卡尔以来的欧陆理性主义大异其趣。

欧陆理性主义的观念论轻视感知，主张事物是凭恃理性而存在。然而贝克莱却反过来**重视感知，不承认事物仅凭理性存在**。在这个意义上，可以赋予贝克莱独特的地位。

存在与感知

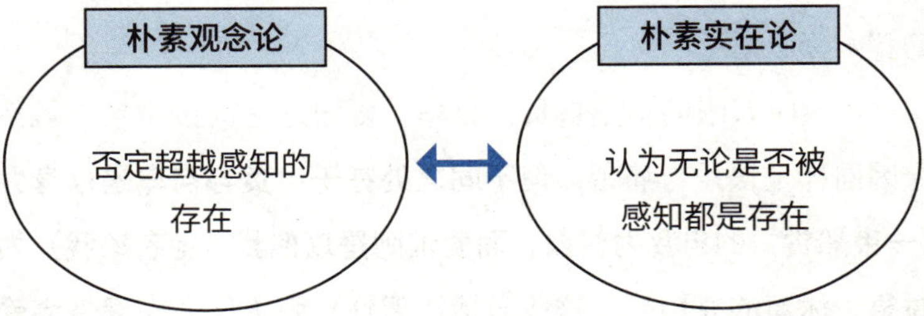

主要著作

《人类知识原理》：主张一切事物只不过是在精神中被感知，是贝克莱基于经验主义的观念论。

贝克莱
(1685 — 1753)

英国经验主义

休谟 —— 激情

我们受到激情的影响有多大？

显而易见，人具有激情。我们绝对不是全凭理性来判断事物的。那么我们受到激情的影响有多大呢？思考这个问题时，休谟的激情论可以作为参考。这是他在《人性论》中提出的看法。

首先来探讨究竟什么是激情。休谟说，激情有时从源于感觉的印象直接产生，有时则是以观念为媒介产生。从种类来说，**有源于快乐与痛苦的“直接激情”，也有再加入不同性质而产生的“间接激情”**。

休谟所着眼的，是自负、自卑、爱恨这些间接激情。虽然原因同样是快乐与痛苦，但**不同之处在于自负与自卑是以身为“一束知觉”的自我为对象，而爱恨则是以他我（他者的我）为对象**。休谟的立场是，这些激情比理性更强大。亦即**理性会受到激情的支配**。

休谟关于道德的议论，更明确地表明了他的这种立场。对于善恶的区别，休谟不采用重视理性判断的理性论，而是支持**重视快乐与痛苦感情的道德感情说**。我们很容易认为道德是奠基于理性的知性判断，但休谟说事实上并非如此。

根据休谟的定义，美德在与我们的利害不直接相关、以一般观点去看时，具有带来快乐的心灵性质，而劣行则具有造成痛苦的性质。但休谟说人类的美德，绝对不只有直接带来快乐的“自然德行”，还有作为社会美德的“人为德行”，比如说“正义”。

就像这样，休谟的激情论，特征在于它是完全基于人类意识的实证分析，而非从抽象的原理或法则所导出。

休谟的《人性论》甚至否定因果律，最后进入怀疑论。其影响力之大，甚至令康德从“独断的睡梦”中清醒过来。**休谟的理论打破了过去盲目相信理性的哲学传统**。激情的力量比我们所想象的更为强大，从某种意义上来说，是极为可怕的力量。

激情

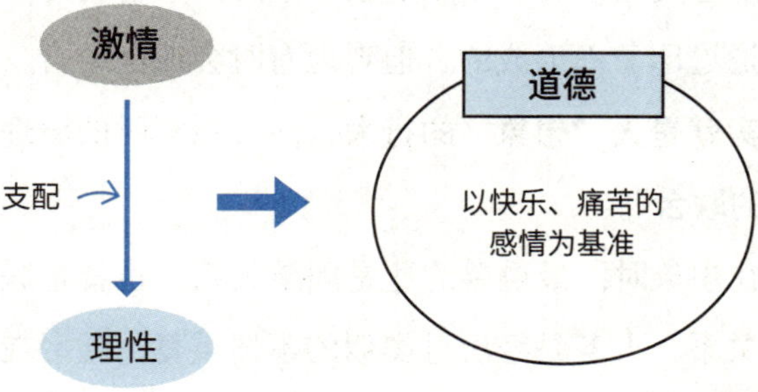

生平与思想

出生于苏格兰的哲学家。推动英国经验主义，提倡怀疑论。主张世界只不过是“一束知觉”。

休谟
(1711 — 1776)

英国经验主义

休谟 —— 一束知觉

何谓自我？

何谓自我？对于这个问题，答案应该是形形色色的，但其中颇具说服力的，是休谟的言论。休谟将人所感知的对象，分为“印象”与“观念”。**相对于印象是强而有力的感知，观念则是在思考和推理时浮现的，就像印象模糊的影像一般。**此外，**印象是每一次全新赋予感觉的，但观念则是在记忆或想象中一再反复的。**

从这个意义上来说，印象是根源性的，不容置疑，而观念的内容是通过印象而形成的。但观念有时会彼此结合。**观念的结合，其实就是人“想象”的行为。**而人想象时的原理，就叫作“**观念的联合**”。

不过在想象时，最重要的还是因果关系，也就是联结原因与结果的关系。人若是经历过类似的事情重复，就会在想象中将一种对象的感知与另一种对象的感知联系在一起。这“心的决定”，便是原因与结果之间必然的结合机制。那么，**因果的必然性，就绝非客观的了。**

也因为如此，休谟也对“实体的观念”投以质疑的眼神。换句话说，物质这实体的观念，来自印象。但造成印象的，实际上只不过是物质的性质，并非物质本身。换言之，物质只不过是各种性质的集合观念。尽管如此，人的想象力却让我们觉得仿佛这些性质的背后，有个作为实体的物质一般。

不仅是物质，这一点也适用于自我这样的精神实体。其实并没有一个从诞生到死亡都完全同一的自我的存在。**自我的存在，只不过是各种浮现又消失的知觉罢了**。因此，自我只不过是习惯带来的想象力的产物，在这个意义上，休谟将之形容为"**一束知觉**"。休谟的思想被认为是怀疑论，便是基于以上彻底怀疑被认为是客观事物的倾向。

一束知觉

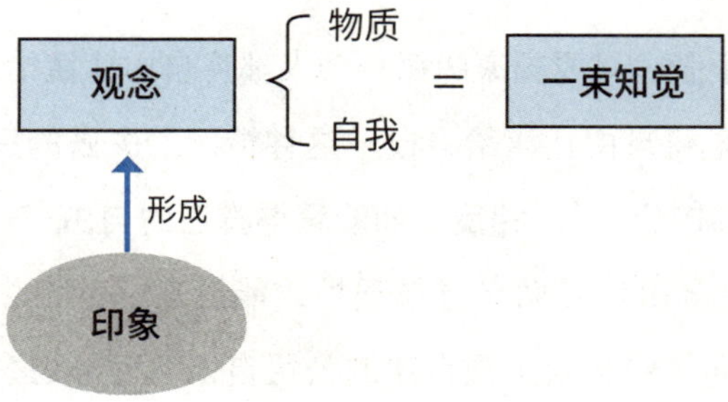

主要著作

《人性论》：从把自我视为"一束知觉"的认识论开始，主张理性是激情的奴隶，道德也是以快乐和痛苦的感情来判断的。

休谟
（1711 — 1776）

社会契约论

卢梭 —— 公意

有全国人民共同的意志吗？

既然住在同一个国家，如果能依据共同的意志来经营国家，是最为理想的。但是真的有全国人民共同的意志存在吗？法国思想家**卢梭**回答了这个疑问。

卢梭在《社会契约论》里，首先抨击了现行社会秩序的不合理，并展开议论。人原本是自由的，却因为过着社会生活，而被迫处在不自由当中。为了改变这种状况，人试图建立起新的社会秩序。

卢梭主张，只要国家中每一个人都将自由让渡给每一个人，其实也就是将自由让渡给自己。这种情况，**失去的只有恣意妄为的“自然的自由”，相反，却能获得真正的自由——“公民自由”**。公民自由是遵循义务与理性，能够自律的自由。可想而知，在共同体中必须重视自律的公民自由，而非恣意妄为的自然自由，否则人际关系将出现问题。

那么究竟该怎么做，才能让具备不同个性的每一个社会成员团结成一个国家呢？卢梭认为有一种每个人都共通的“**公意**”，它与只是单纯地将每个人个别的意志相加而成的“众意”完全不同。众意的话，就只是反映多数意见罢了。公意指的并非如此，而完全是**全员共同的最大公约数的意志**。

所以必须通过讨论来找出众人共同的公意，因而必然会采取**直接民主制**。也就是众人依据公意，共同参与政治。这时**人民作为主权者，拥有立法权，以法律的形式来表达公意**。另一方面，为了实现公意，需要如手脚般行动的执行者，也就是政府。对卢梭来说，政府只不过是受人民雇用——政府没有实权，仅被要求忠实地执行国民的意志。

就像这样，**理论上所有国民共通的意志是能被萃取出来的**。公意的反映，应该能成为经营国家的基本方针。

全国人民共同的意志

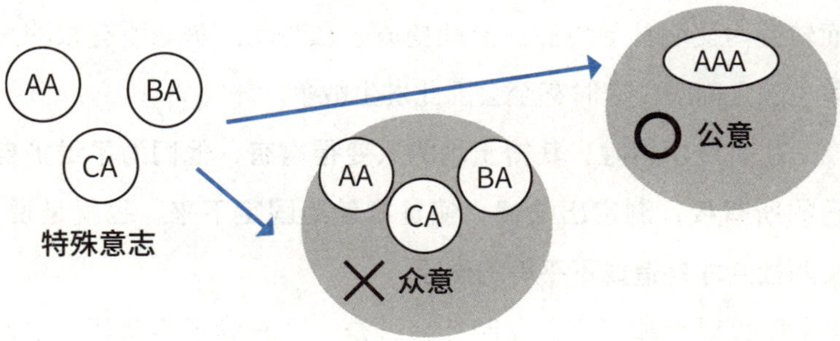

生平与思想

法国思想家。提出基于公意的社会契约论。他对文明的批判与教育论也十分有名。在思想上对法国革命产生了很大影响。

卢梭
（1712 — 1778）

社会契约论

卢梭 —— 文明社会

文明社会是好的吗？

一提到文明社会，我们都会觉得它是好的。因此我们拼命完善社会制度，追求技术进步，日夜朝高度文明的社会努力迈进。然而有个思想家却提出了异论，那就是**卢梭**。

卢梭在《论人类不平等的起源和基础》一书中，对于人从**自然状态**进入文明社会的变化持否定的态度。亦即在自然状态中，人能尽情利用大自然，等于是自然的自由能获得保障。然而转变为文明社会以后，土地变成了私有制，争夺所有权的纷争也随之而来，有时甚至会因此发生战争。

在争夺中得胜，获得土地的人变得富有，他们为了维护自己的所有权，制定出法律，使贫富差距固定下来。也就是说，**文明社会才是造成不平等的原因。**

所以对卢梭而言，文明社会就是一个充满了不合理与虚伪的状态。在他的描述中，**从自然状态转变为文明状态的过程，完全是人类堕落的历史。**

没错，在过去的自然状态中，人是更加优秀的。卢梭认为自然状态中的人，虽非善人，也不是恶人。他们是未开化的人，仅以自我保护为目的，但仍具有怜悯的感情，因此可以互助合作。在伦理层面，这便是为何不会出现不平等的原因。然而**文明社会的人，却连这种彼此互助的体恤都没有了。**

卢梭会提倡社会契约论，背景在于对已经存在的这种文明社会的不满。人原本活得自由自在，为何会变得如此不自由？从这个问题开始论述的《社会契约论》，因而被世人奉为实现平等社会的圣经。

确实，文明社会以前的原始状态，也许不平等的情况更少。随着文明发展演进，我们反而扼住了自己的脖子。这一点就像卢梭所说的。但也不能因此就重返自然状态。所以卢梭提出了打造新的平等社会的方法，那就是**通过直接民主制所导出的、由公意来执行的政治**。

文明社会

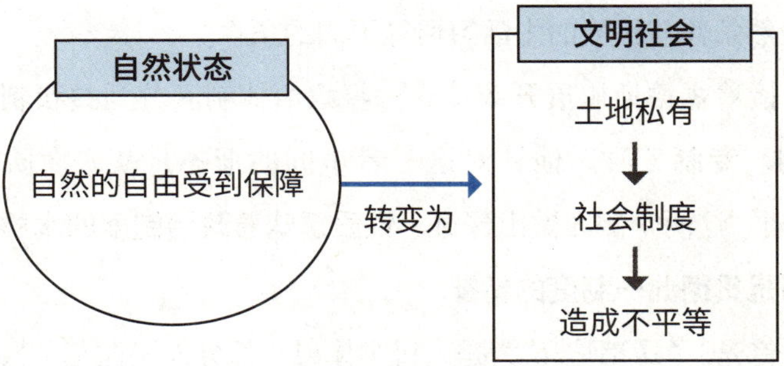

主要著作

《社会契约论》：谈论公意的概念。《论人类不平等的起源和基础》：将文明视为堕落。《爱弥儿》：重视自然性的教育论。

卢梭
(1712 — 1778)

启蒙思想

孟德斯鸠 —— 政体论

怎样的政治体制才理想？

如果被问到什么才是理想的政治体制，我们应该会回答民主制度。不过如果被问到民主制度以外的政体特征，一时又答不上来。著有《法意》一书的法国思想家孟德斯鸠，就对这个问题做出了明确的梳理。

孟德斯鸠在这本书中，首先谈论了法的本质。他说法是“源于事物本性必然的各种关系”。也就是说，法必须适合国土的自然条件与民族的生活习惯等不同的条件。

接着孟德斯鸠展开政体论，将政治体制区分为**共和制、君主制、专制三种**。他针对这三者不同的形态，从“性质”与“原理”这两个侧面做出探讨。**性质意味着政治制度的本质，原理则是贯彻此一制度的精神**。

首先，共和制被认为是人民全体或一部分人民拥有主权。人民全体拥有主权，便是民主制；一部分拥有主权，则是贵族制。

民主制中，人民统治国家，制定法律，选定自己的代理人，并尊重代理人的决定。相对的，贵族制因为将一些不平等的现象制度化，因此贵族变成全能的支配者。民主制的原理是政治的德行，也就是**比起自己的利益，更重视公共利益的公益心及祖国之爱**。

接着是**君主制**，君主是一切权力的源泉，但其支配是遵循法律进行的。贵族被定位为制衡君主支配的中间权力。君主制的性质，可以说由一个人支配。不过为了贯彻法律的执行，则必须假定有一个独立于君主并维护基本法、类似于高等法院的“法律保管处”。至于君主制的原理是什么，那就是源于追求名声的野心。因此人会为了追求好名声，出于野心而活动，结果便会为实现共同利益而做出贡献。也就是**渴望好名声的欲望自动建立起社会秩序**。

最后的**专制**，性质也是指一名君主独占权力。但专制的情况，就没有必要以法律支配人民。**专制的原理是恐惧**。君主恐吓家臣，在他们的心中灌输恐惧从而进行支配。

政体论

政体	共和制		君主制	专制
	民主制	贵族制		
性质	人民全体	一部分	一人	一人
原理	公益心与祖国爱		名声	恐惧

生平与思想

法国思想家。批判法国的君主专制，提出三权分立，避免权力集中。其思想传承至现代。

孟德斯鸠
(1689 — 1755)

启蒙思想

孟德斯鸠 —— 三权分立说

权力该由谁来掌握？

权力该由谁来掌握？对于这个问题，一般都会回答是国会吧。但权力集中在一个地方，还是令人不安的。因此**在一些欧美国家，才会将权力分散到国会、内阁与法院三处**，也就是所谓的三权分立，其实这便是孟德斯鸠所提倡的。本节就来看一看他所提出的三权分立的思想，究竟是在什么样的背景、基于什么样的理论而提出的。

孟德斯鸠在《法意》一书中，将政体区分为共和制、君主制、专制这三种。而他的目标，当然在于防止专制。不过孟德斯鸠也无意推行共和制。最主要的问题是，人民把自由当成和权利一样，并且缺乏限制权力的意识。孟德斯鸠主张**政治自由唯有在法治得以贯彻的前提下才可能成立**，不管再怎么重视道德，都需要法律的限制。因为若非如此，甚至会有做出犯法行为的危险性。

孟德斯鸠高度肯定亚里士多德的政治学，他认为亚里士多德提出的中庸（参考 012—013 页）精神，也是立法所必要的观念。因此对于政治上的良善，他也细心留意避免走向极端。

在这一点上，孟德斯鸠视为理想的，是他曾经居住过的英国的政府结构。他谈论到君主的执行权与由上议院及下议院组成的议会立法权之间的均衡，还有掌握司法权的陪审制，并试图得到三者的均衡与制衡。由**立法、行政、司法三权分立所构成的君主立宪制（君主的权力受到宪法限制的君主制），正是他最后所推导出来的结论**。三权分立说可被视为构成了实现自由主义的基础。

孟德斯鸠着重于限制君主与国民权力的政治制度论，后来给美国等近代国家带来了莫大的影响。当今一些欧美国家所导入的三权分立政治制度，也可以说是源于这样的潮流。

三权分立说

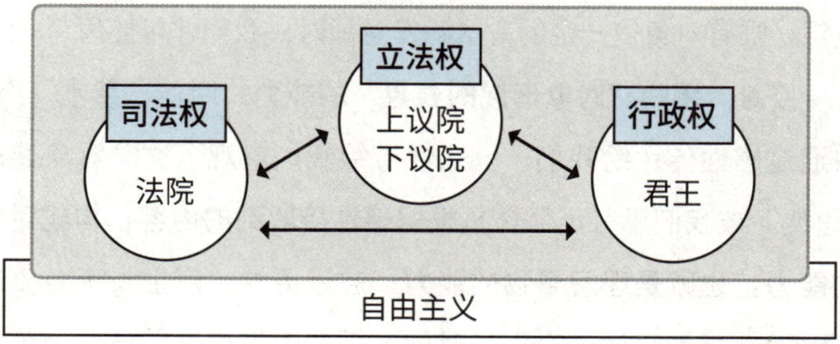

主要著作

《法意》：提倡立法、行政、司法三权分立的政治哲学书。主张保障个人政治自由，以及废除奴隶制度。

孟德斯鸠
（1689—1755）

德国观念论

康德——物自身

人能知道一切吗？

人的知性和理性被形容得无所不能，但它们有界限吗？人无所不知吗？这个问题，**康德**的**物自身**概念可以作为参考。

思考人是如何进行认识的领域，叫作**认识论**。康德阐明了我们认识事物的机制。

康德认为，首先一切的思考都是由“**直观**”所产生。直观只有对象存在时才会产生。换句话说，如果没有对象，就不会产生直观。唯有对象依一定的方式触发意识时，我们才可能思考。

接着，**接收“对象形成的表象”的能力**，叫作“**感性**”。对象通过感性传达给我们——感性带给我们直观。这时对象通过“**悟性**”被我们思考。悟性是**根据感性接收到的内容，构成对象的能力，也就是理解事物的能力**。通过悟性，产生关于对象的“概念”。感性是通过空间与时间，悟性则是通过**范畴**这个分类表掌握事物。也就是说，我们必须通过这样的形式才能够认识事物。

从这个意义上来说，我们能认识的，仅限于能够体验的世界。也就是只限于受到时空限制的物质和事物。康德将这样的世界称为**现象界**。相对于此，宇宙整体这种无法经验的事物，叫作

“物自身”，是我们无法认识的。而这样的世界叫作**本体界**。

物自身这个概念有些过于观念性，不好理解，不过这个世上的确有些事物虽然无法认识，但确实存在。比方说上帝的概念就是如此，上帝虽然无法认识，但能够存在。康德的认识论，意义在于阐明了“物自身”的存在。可以说他**揭示了人类“能够知道什么”这方面的理性界限**。

康德将理性能够认识的对象限定在人所能体验的世界里，并且认为人用来掌握事物的感性和悟性的框架（时空及范畴）是与生俱来的。在康德的学说中，英国经验主义和与其相反的欧陆理性主义（参考 059 页）得到了统一。

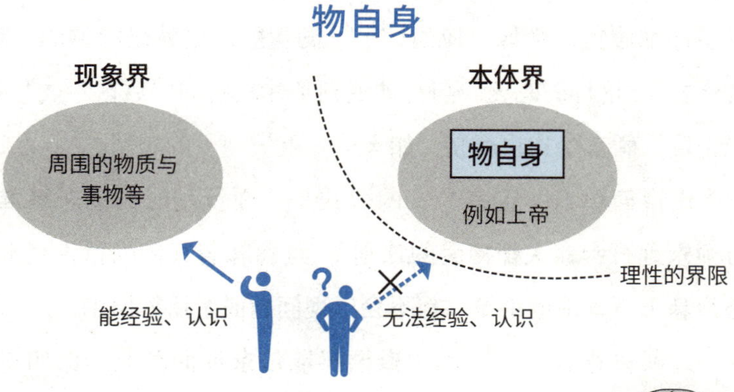

生平与思想

德国哲学家。以认识论统合了理性主义与经验主义。在伦理学方面，主张必须无条件地行正义之举。也因提倡永远和平而闻名。

康德
（1724 — 1804）

德国观念论

康德 —— 善意志

正确判断依据的是什么？

我们平日就被要求做出正确的判断，但正确判断依据的是什么？思考这个问题时，康德的善意志可以作为参考。

康德首先阐述了人格的自律。因为他认为想要做出正确的判断、活得正当，人格的自律是不可或缺的。那么什么是正确的行为呢？关于这一点，康德主张对于正确的行为，人有义务无条件地履行，就像“应当……”的句型，这就是所谓的“定言令式”。这样的态度，与行动受到条件左右的“假言令式”完全相反，假言令式也就是“如果……就……”的句型。

说得简单点，定言令式的公式是“**你行动时的意志基准，必须永远符合众人都接受的法则**”。这意味着我们的行为基准，必须基于不管由谁来做，都不会出现问题或矛盾的原则。

之所以这么说，是因为**道德不能依条件而改变**。比如说，如果变得富有，道德的基准就能跟着改变，这岂不奇怪吗？不能撒谎、见义勇为这些道德行为，应该是任何时候都应当遵守的。

这就是康德所说的正义，被称为实践理性。我们受到这实践理性的命令，做出正确的行为。而之所以会听从实践理性的命令，是因为我们具备人格的自律。但人格的自律，它的基础又是什么呢？这时康德提出了“善意志”这个概念。**善意志就是自觉性地出于尊敬，而主动去遵循道德义务的意志**。它不会受到行为内容的左右，本身就是善的。

康德主张，因为有了以善意志为基础的人格自律，我们才能得到自由。因为**能够自律，才是真正意义的自由**。

康德更进一步以基于实践理性的善意志为前提，提倡永远和平是人类应该达到的目标。他的意思应该是，唯有实现维持和平这个义务，人才能得到自由吧。

善意志

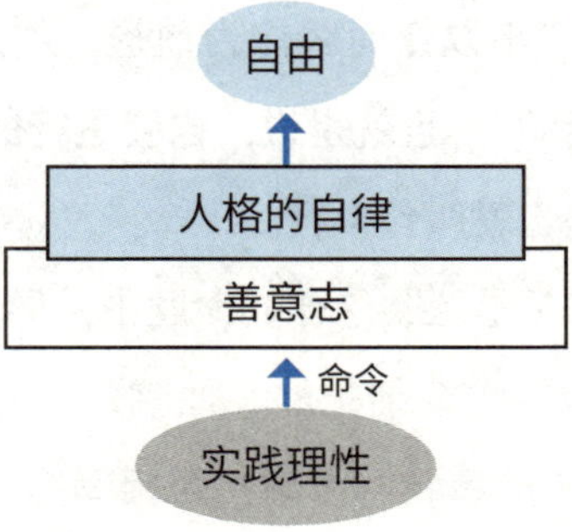

主要著作

《纯粹理性批判》（认识论）、《实践理性批判》（伦理学）、《判断力批判》（美学、目的论）被称为“三大批判”。

康德
（1724 — 1804）

德国观念论

费希特 —— 事行

先有我，还是先有物？

我们会观察事物，或对事物发生作用。这种时候，是先有我，然后我来看事物、对事物发生作用，还是相反呢？究竟是先有我，还是先有物呢？在思考这个问题时，费希特的事行概念可以提供参考。

费希特意图将人类一切的认识与行为系统化，打造了一套叫作知识学的体系，它的中心概念就是“事行”。

费希特主张，“不以任何客体为前提，创造出客体的活动，就是行动本身的活动”。也就是说，**自我进行的活动与客体的出现同时发生的状态，就叫作事行**。

费希特是从“A 是 A”这样的命题中，导出“判断的自我”即是“存在的自我”这个结论的。他就是由此得到**自己的行为（＝行）与行为造成的事物（＝事）为相同**的灵感。所以为了突显这个事实，他刻意使用了“事行”这个自创的词汇。

一般我们都认为先有自我，然后根据自我来活动，结果产生出某些客体。但是费希特说，并不是一开始就有自我。

前面也稍微提过，费希特似乎是从自我，也就是“我”这个概念的特殊性，得到“事行”概念的。他说“我”这个概念与其他事物不同，无法被指示。也就是**指示“我”的瞬间，“我”就再也不是“我”，而成了客体的“它”了**。换言之，通过指示“我”这个行为，我作为“它”而出现了。

从这个意义上来说，**事行可以被视为主观与客观化为了一体，是在经验之前的一种根源性的概念**。这就近似于上帝是“自因”，存在原因即是自己。但与上帝不同，事行的特征是，它完全被视为人的意识问题。

如果以费希特的事行概念为前提，那么就不是先有我也不是先有物，而是两者同时发生了。

事行

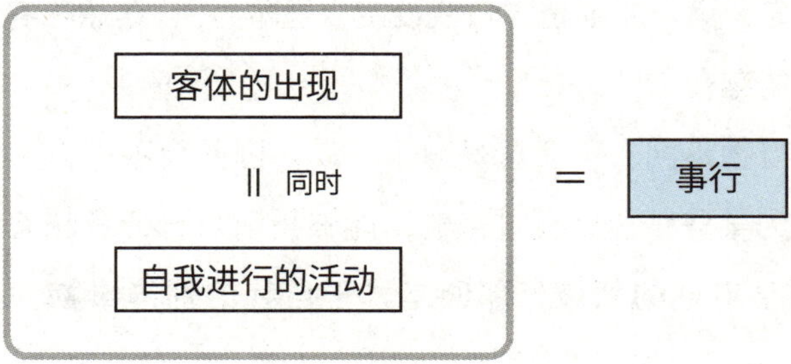

生平与思想

德国哲学家。被归类为德国观念论。建构出重视自我的独特知识论（主观观念论）。

费希特
（1762 — 1814）

德国观念论

费希特 —— 自我与非我

何谓自我？

“自我”是我们耳熟能详的词汇，但其实除了自我意味着我以外，我们对这个词一无所知。自我究竟是什么？要思考这个问题，**费希特**的**自我**，以及相对立的**非我**概念可以作为参考。

费希特在自己的知识学（费希特为知识奠基的个人哲学）中确立了三个原则。而且这三原则以“自我”与“非我”概念的关系为中心，依序发展出理论。

首先，第一原则是“自我设定自己本身”。这意味着**自我生出自身的存在**。

人与物不同，不会总是静止不动，因此会不由自主地将自身投射为某些角色。反过来说，能够投射自身便意味着那里有一个异于自己的领域。**那便是异于自我的别的事物，被称为非我**。

因此第二原则是“非我反设定自我”，也就是**非我通过自我的活动而产生**。不过这么一来，自我与非我之间就出现了矛盾。因为自我是将一切对象化的行为，但这么做反而会生出非我。这种关系该如何解释才好？

这时便出现了第三原则。“自我在自我之中，反设定出可分割的自我及非我”。也就是**自我不是一口气设定的，而是只能设定一部分。而剩下的部分便成为相对立的非我**。换个角度来看，等于是自我与非我混合在一起的状态，因此也可以视为两者是综合的。

以上便是费希特通过与非我的关系所揭露的自我的意义。其实费希特也通过这自我与非我的关系，来呈现人类获得自由的历史过程。因此知识学也被称为人类精神的实用历史。

后来，**费希特的主观观念论，被黑格尔的绝对观念论——同样是描述人逐步获得自由的壮阔历史——所继承**。

自我与非我

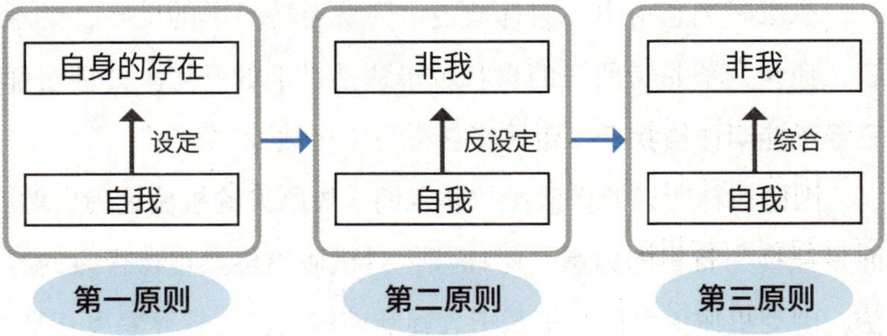

主要著作

《全部知识学的基础》：探讨一切学问基础的“知识学”的系统性著作，论述逻辑知识的基础。

费希特
(1762 — 1814)

德国观念论

谢林 —— 自然

何谓自然？

何谓自然？听到这个问题，很多人都会想到花草树木吧。但自然具备超越这些个别现象的巨大力量。谢林就是着眼于这巨大的力量，把自然提升到哲学的境界。

谢林被称为早熟的天才，他二十五岁左右就成了大学教授，不断地开拓出新的思想，并且在始于康德、到黑格尔抵达巅峰的德国观念论中扮演了重要的角色。

在德国观念论中，谢林被定位为费希特哲学的批判性继承者。他认为费希特所说的自我过于囊括世上的一切，并**抨击那已经不能叫作自我**了。谢林将它称为“自然”。

因此谢林所说的自然，并非我们一般所说的机械论的自然，而是被视为**有机的力量**。谢林甚至对机械论自然观持否定的看法。因为机械论自然观是源于人逐渐地将自己与外界隔离开来，仿佛世界与自己毫无瓜葛般的想法。但实际上，**人的精神与自然应该是一体的**。谢林也说，精神是看不见的自然，于是谢林开始探究两者共通的根源性生命。

由于当时在科学领域中，研究有机体的风潮正盛，因此人们普遍认为谢林也受到这股风潮的强烈影响。谢林使用了让人联想到有机体的“旋涡”这种形容方式。巨大的旋涡将事物卷入，转化成新的模样，谢林似乎是以这样的意象捕捉一切现象。

谢林将上述这种方式所形成的事物力量阶层称为**因次（potenz）**。因次在德语中意味着力量，在谢林的术语中，指的是自我组织化的整体力量。也就是从因次生出了物质、有机体、精神等各种存在。就这样，谢林建构起**自然哲学**的领域。

平日**我们常提到自然的力量，但如果像谢林这样，把自然视为推动世界的根源性力量，自然的含义将变得更为巨大。**

自然

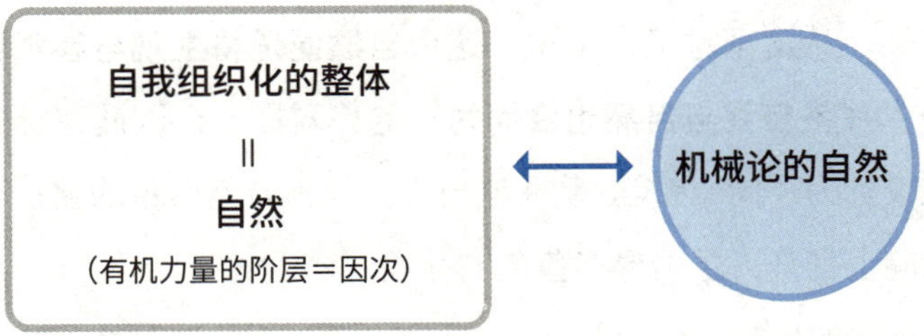

生平与思想

德国哲学家，被归类为德国观念论学者。提出以自然为基础的独特自然哲学。将主客问题作为同一哲学加以系统化。

谢林
（1775 — 1854）

德国观念论

谢林 —— 同一哲学

主观与客观不同吗？

我们常说“主观来说如何”“客观来说怎么样”，在这种情况下，我们明确地区别这两者，但主观与客观真的不同吗？谢林的同一哲学概念，有助于回答这个问题。

相对于费希特的哲学强调自我意义的主观观念论，谢林的哲学则被认为是以自然为根基的客观观念论。

换言之，谢林主张一切差异的根本之处，都是生产出一切的自然。从这个意义上来说，**这个自然便是将主观与客观合而为一，并将自我与自然也合而为一的绝对同一**，因此谢林的哲学也被称为“同一哲学”。在这当中，作为自然力量的因次阶层逐渐向上提升，生出形形色色的存在。

这样的发想，就像谢林自己说的，“绝对的同一性并非宇宙的原因，而是宇宙本身”，与**泛神论世界观**相关联。因此绝对同一之中，不会产生质的差异。具有差异的个别的存在，是在外部产生的。

问题是，从绝对同一出发的发想，无法具体厘清个别的存在是如何产生的。因此后来黑格尔批判谢林的思想，揶揄说就像“黑夜里的牛全都是黑的”。对此，谢林解释在绝对的同一性当中，不会产生质的差异，个别的存在是以量的差异的形式呈现。但谢林的解释似乎缺乏说服力，因为他并未确切地说明为何无限之物要刻意进入差异的状态。

话虽如此，也不是说谢林的同一哲学没有意义。比方说，如果能在艺术作品中表现出主观与客观的同一性，那会是一件很棒的事。谢林曾经提到如此天才般的艺术。他说自然的无意识活动，与人类的意识活动统一时，便能诞生出天才般的艺术。事实上，一般认为谢林这样的艺术观对德国浪漫主义产生了重大的影响。**因此在艺术等领域，主观与客观也是有可能相同的。**

同一哲学

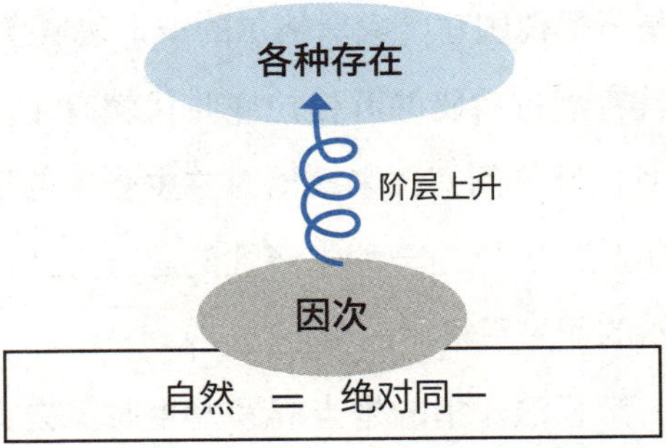

主要著作

《自然哲学观念》：论述自然与精神的同一性。《艺术哲学》：将艺术解释为绝对同一的显现。

谢林
（1775 — 1854）

德国观念论

黑格尔 —— 辩证法

如何解决问题？

人活在世上，总免不了遇到问题。因为所有的事情、行为，都一定会带来某些问题。一件事不可能完美无缺地进行，即便暂时顺利，也不可能永远顺利。那么对于这些不可避免的问题，我们该如何处理才好？

最简单的做法是，每当问题出现，就直接忽略它，但这只是粉饰太平、缓兵之计，并非真正的解决之道。这时可以作为参考的，就是近代德国哲学家**黑格尔**的**辩证法**概念。

辩证法其实从古希腊的苏格拉底时代就有了。不过它原本只是通过与对方反复问答，来找出对方主张中的逻辑矛盾的工具。而黑格尔将它定位为一种生产性的思考方式。因此一般提到辩证法，指的便是黑格尔的辩证法。

黑格尔的辩证法，指的是当问题发生时，去克服问题、提升至更高境界的思考方式。通过这样的思考方式，可以将乍看之下水火不容的**两个对立的问题，兼容并蓄地推导出更佳的解决之道**。也就是开创第三条路的方法。

具体来说，便是“正题—反题—合题”的概念。这也叫作**扬弃**，或音译为“**奥伏赫变**”(aufheben)。

这个方法也就是**对于某一件事（正题），当出现矛盾或问题的时候（反题），接纳它们，克服矛盾与问题，找出发展得更加完美的解决之道（合题）**。

这并非单纯二选一的妥协或折中。凡事都有矛盾，若有正的一面，就一定有反的一面，但事物仍安然无恙地存在着。换个说法，任何问题都不可能无法被克服。所有的一切，都是通过如此反复，而不断地发展。

于是，辩证法可以说是一种将负变为正的问题解决方法。

辩证法

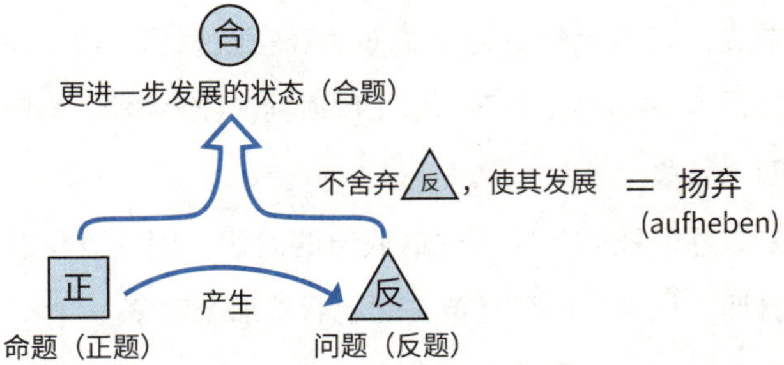

生平与思想

德国哲学家。德国观念论的完成者。将过去的哲学体系化，站上近代哲学的巅峰。以辩证法概念闻名。

黑格尔
(1770 — 1831)

德国观念论

黑格尔 —— 绝对知识

我们能聪明到什么地步？

我们究竟能聪明到什么地步？人的聪明有极限吗？被称为近代哲学完成者的黑格尔给了我们一个充满希望的回答。**黑格尔**在主要著作《精神现象学》中，描写了意识经历各种经验而发展，最后到达“**绝对知识**”这种境界的过程。

我们来看看意识经历了什么样的旅程。它也吻合本书的结构。首先，可以大致分为A意识、B自我意识、C理性三个阶段。然后C再分成AA理性、BB精神、CC宗教、DD绝对知识这四个阶段。

A的意识被放在知性中最底层的阶段。因为意识纯粹以对象为真理，认为自己只是单方面地看着那个对象。

然而实际上，联系客观真理与主观事物的就是自己。醒悟到这一点后，便进入到B的自我意识。

B的自我意识发现，为了证明自己是真理，还是必须要有对象。通过这样的经验，自我意识发展为自我与对象的意识统一体，也就是C理性。

接下来便是理性自行证明它就是世界本质的过程。首先，黑格尔在AA理性里陈述，即使在自然世界中，理性也是最为本质的事物。同样的，在 BB 精神中，他揭示在历史世界里，理性同样是本质。接着在 CC 宗教中，上帝被描写为反映理性与世界和解的象征。然后这趟旅程的最高潮，在 DD 绝对知识里，黑格尔谈论到 CC 宗教里所描写的**上帝本性，其实与人自我的本性是相同的**。

自我意识终于连上帝也能作为概念来掌握，这正是能够洞悉一切的“绝对知识”。而绝对知识**通过将自己的知识升华到神知的境界，生出**绝对精神。就这样，黑格尔高声宣告人的精神是能够成为绝对的。在人的精神、理性与知识都达到巅峰的近代，黑格尔被定位为该时代的代表性哲学家。

绝对知识

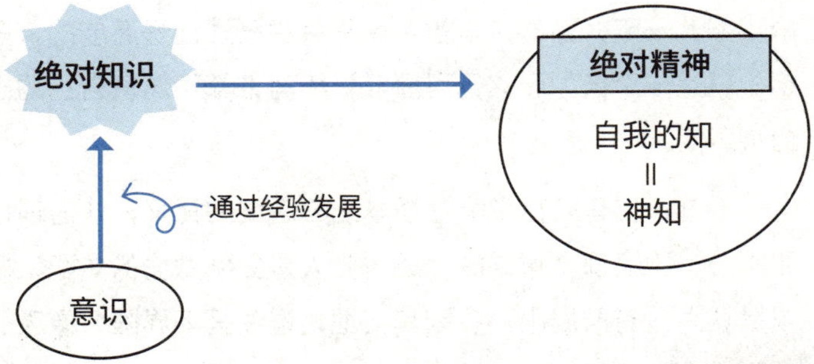

主要著作

《精神现象学》：集黑格尔哲学之大成，阐述意识经历“意识—自我意识—理性”这三个阶段，升华为绝对精神的过程。

黑格尔
（1770 — 1831）

专栏三

理性有多万能?

第三章介绍了哲学鼎盛时期的近代哲学家。就如同标题“穷究理性的极限”，他们日夜不停地探究着理性的样貌。

不过，理性究竟意味着什么？词典上说，理性是逻辑、概念思考的能力。说得浅白点，就是人思考事情的能力。理性经常被视为本能、激情等词汇的反义词，所以毋庸置疑，理性意味着据理思考。

所以理性才会成为哲学的代名词。哲学便是运用道理，探究事物本质的活动。因此理性的界限，也就是哲学的界限。如此一来，当然许多哲学家都会主张理性是万能的，黑格尔就是一个典型。这无可厚非，毕竟谁都不愿意自己的心血被否定。

不过，也有些哲学家论述本能与激情的意义，认为理性和本能、激情都不可或缺，或主张人是受到激情的支配。抑或是认为人有所局限，名副其实地为理性画下界限，像康德就是其中的代表。

理性究竟是不是万能的？其后的哲学与思想，便以近代所提出的这个难题为中心发展开来。

Chapter

4

我是什么？

十九至二十世纪的现象学与存在哲学

存在主义

叔本华 —— 意志与表象

怎样才能从苦恼中解脱？

人注定要活在苦恼中。想要获得成功，却事与愿违。想要活得幸福，却天不遂人愿。难道就没有方法可以摆脱这些苦恼吗？这时可以参考**叔本华**的**意志**概念。

叔本华所说的意志，指的并不是理性的意志，而是作为身体活动显现的“求生意志”。叔本华说，就是求生意志实现了这个世界，而这个世界，是受到自身主观制约的**表象**（浮现心中的外在对象的模样）。

由于这求生意志没有根据，也没有目的，是盲目的意志，因此对人来说，是无穷无尽的。所以人的欲望永远得不到满足，人生充满了痛苦。那么，人要怎样才能逃离这样的痛苦？

叔本华首先提出理念（idea）与艺术的关系，作为解决之道。理念是柏拉图所说的理想世界。也就是说，**在艺术里，知性可以超越时空及因果律，直接观察到理念**。

特别是音乐，它是意志的复本，因此叔本华视音乐为艺术的至高形态。**艺术就像这样，能让人摆脱主观与客观等要素，把人提升到脱离意志欲望带来的一切痛苦的境界**。

然而问题是，艺术带来的解脱，只是偶发的暂时性解脱。

因此叔本华接着提出道德带来的解脱。他提出的道德所带来的解脱，并非暂时性的，而是**恒常性的道德**。人生充满了痛苦，这意味着道德作为人生的一部分，也同样折磨着他人。这也就是同情的概念。通过同情，人能够试着去理解他人的痛苦。

不过即使是这种情况，实际上人对他人所能做到的，也只有同情而已。从这个意义上来说，同情不可能是摆脱生存痛苦的终极方法。根本之道，唯有否定“求生意志”本身。

而要做到这一点，唯有“禁欲”这一途径。叔本华这里所说的禁欲，是源于佛教中“断念”的观念。**放弃意志、禁欲式的否定，才能使人真正脱离苦恼**。

意志与表象

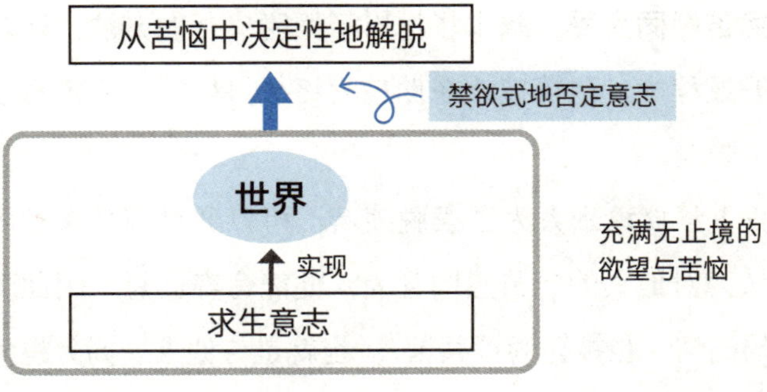

生平与思想

德国哲学家。提倡意志比知性更重要。存在主义的先驱。特征是纳入了佛教等东方思想。

叔本华
（1788 — 1860）

存在主义

叔本华 —— 同情

什么是同情?

什么是同情？思考这个问题时，可以参考**叔本华**提出的**同情**概念。在哲学的世界里，亚当·斯密的同情概念是最有名的。同情也译为“同感”或“共感”，是体察他人的情绪，并以此为行动基准的感情。每个人都以同情为中心行动，便会自然地建立起社会秩序。

但叔本华提出的同情概念不同于此，它的意义完全是**对他人的痛苦感同身受**。叔本华提出了摆脱痛苦的方法，而在摆脱痛苦的过程中，同情被放在他视为终极目标的“否定意志”的前一个阶段。

叔本华谈论到人为了摆脱痛苦，可以通过道德来解脱。因为他认为对他人的痛苦感同身受，便能舍弃己意。因此叔本华所说的同情，也被译为“共苦”，也就是与他人一同分担痛苦。

不过同情这种感同身受的能力，也会造成自我与他人不再有分别，因而能轻易抛弃同情的结果。实际上叔本华甚至想要把加诸痛苦的主体，与承担痛苦的客体视为同一。

如此这般，人会发现同情只是一时的解脱，了解到结果还是只有否定意志一途。即使如此，叔本华从分担痛苦的意义着眼于

“同情”这个要素本身，可以说在哲学史上具有重大的意义。

“同情”这个概念之所以如此重要，不单纯是因为这个想法十分罕见，或是因为它带给尼采等后世哲学家莫大的影响。它之所以意义重大，是因为它提示了**根植于同情这种感情的概念，有可能发挥牵制理性的功能**。

实际上，叔本华在幸福论里面也提到，即使有钱也无法得到幸福。比起金钱，若没有精神上的教养，就不可能得到幸福。从这里，也可以看出叔本华重视感情方面的要素。但话又说回来，叔本华绝非轻视理性。他能同时着眼于同情与理性这一点，确实令人惊叹。

同情

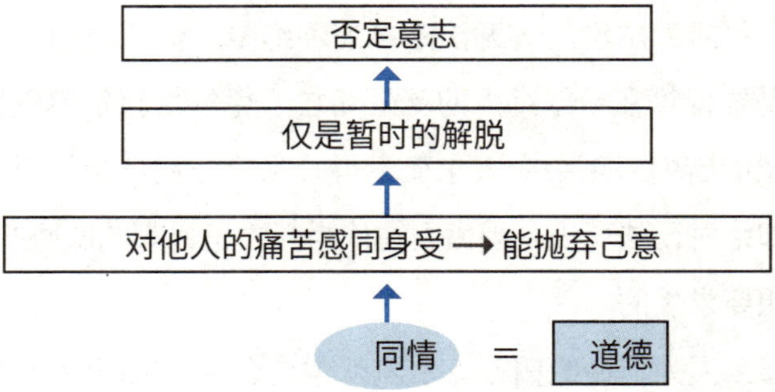

主要著作

《作为意志和表象的世界》：主张世界就是“我”盲目求生的意志，认为以禁欲的方法否定这求生意志，便能从苦恼中解脱。

叔本华
（1788 — 1860）

存在哲学

克尔凯郭尔 —— 绝望

什么是绝望？

你是否有过绝望的心情？就仿佛世界末日到来一般。不过，世界当然并没有毁灭，只是你这么感觉而已。**绝望**到底是什么呢？

《致死的疾病》一书的作者**克尔凯郭尔**回答了这个问题。克尔凯郭尔的生平经历影响了他，令他总是处在绝望之中，为自己的存在苦恼不已。那种绝望，正是致死的疾病。

克尔凯郭尔说，人无法逃离那种绝望。但话说回来，他也并不是要说等在绝望终点的就是死亡。克尔凯郭尔的主张反倒是绝望的苦恼甚至会令人求死不得。尽管处在痛苦得要死的深渊，却绝对无法死去。因为人在认为死亡是最大的威胁的时候，是会想要求生的。

那么人为何会绝望？克尔凯郭尔这么说："如果人当中没有永恒者，那么人就不会绝望了。"永恒者可以解释为上帝。因此，克尔凯郭尔提出了所谓"**绝望的定理**"理论。

首先，人会对自己绝望，于是人会厌恶自己。为了脱离这种状况，会想要将自己吞噬殆尽，也就是想要寻死。然而人无法吞噬自己。这证明了人的内在有永恒者的存在。亦即**人的心**

中有着永恒的理想，因此怎么样都死不了。而且，如果人之中没有这样的永恒者，人就根本不会绝望了。**人就是因为有理想，所以才会绝望**。

克尔凯郭尔说，绝望是“致死的疾病”，却是一种**“死不了”的病**。从这个意义上来说，克尔凯郭尔绝对不是个消极悲观的人。之所以这么说，是因为克尔凯郭尔的哲学，**正是提倡自行开拓人生的**存在主义的前锋。

最为明确反映出这一点的，便是克尔凯郭尔宣言主体性就是真理。**失去主体性的状态就是绝望**。而为了再一次找回主体性，人会不断地挣扎下去。

绝望

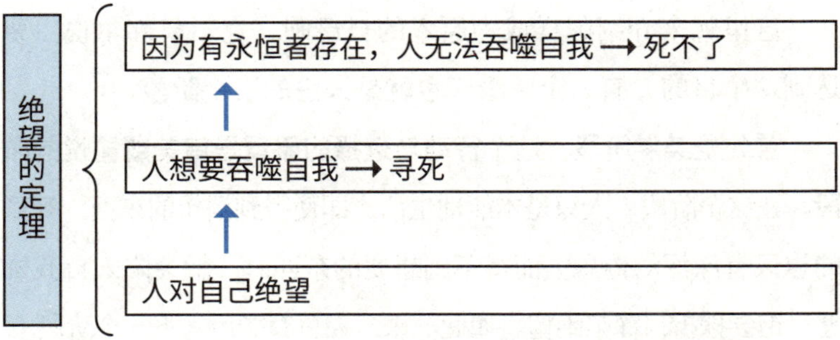

生平与思想

丹麦哲学家。提出克服绝望的思想。否定黑格尔辩证法的抽象性，重视自我的主体性。存在主义的先驱。

克尔凯郭尔
（1813 — 1855）

存在哲学

克尔凯郭尔——人生的三个阶段

怎样才能做原本的自己？

我们日常的模样，是原本的自己吗？你是否觉得好像活在伪装之中？要怎样才能做原本的自己？克尔凯郭尔可以回答这些问题。

克尔凯郭尔的思想，被称为存在主义的先锋。他认为人唯有活在打造“原本应有的自己”的无止境的努力之中，才有存在的意义。如果**迷失了原本的自我的形貌，那种状态就是绝望**。

这里就来介绍怎样成为原本的自己吧。克尔凯郭尔说，要达到这个目的，有三个阶级，也就是人生的三个阶段。

首先是美学阶段。这个**行动与选择的原理是审美或愉悦的阶段**。在这个阶段，人只是本能地生活。即使得到渴望的东西，等到的也只有深深的倦怠。而得不到想要的东西时，就会陷入自我嫌恶，饱尝挫折，深陷绝望。如此一来，人总算能迈入下一个阶段。

下一个阶段是伦理阶段。这是**醒悟到人性的精神，努力做一个伦理的人的阶段**。这指的是为了拥有崇高的人格，主动朝应当如此、符合伦理道德规范的人迈进的阶段。来到这个阶段的尽头，人就会感到自己的无力，要不然就是陷入自己在伦理上已臻完美、傲慢自大的状态。不管怎么样，这种状态因为触碰到自我的界限，可以说是绝望的深渊。然后人总算可以朝下一个阶段前进。

最后的阶段，是**宗教阶段**。是**在三番五次的绝望之后，将自己奉献给上帝的阶段**。一般情况，都会借由否定自我来悔改自己的罪。然后接纳上帝进入自己的内在。但由于两者在存在上的落差，自己又会再度受到强烈罪恶感的折磨。

就像这样，人努力接纳与自己差异过大的上帝的存在。有罪的自己，在上帝圣洁的存在面前，变成了“**单独的个人**”。能够支撑我们双脚的，只有超越理性、无法以道理解释的“**信仰**”。也就是**面对上帝，我们终于发现了真正的自我**。

人生的三个阶段

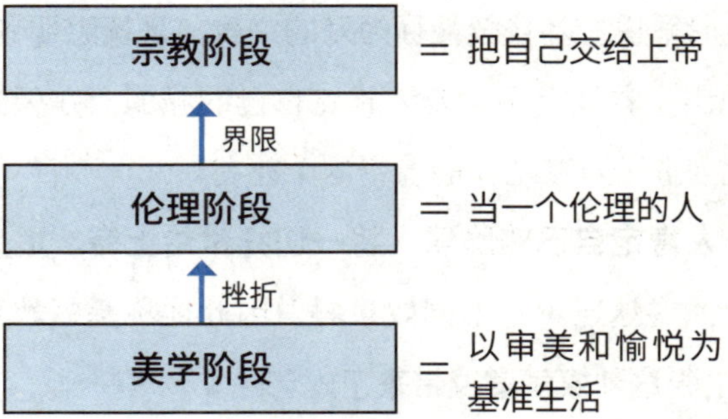

主要著作

《致死的疾病》：将丧失自我主体性与对上帝的信仰的“绝望”比喻为致死的疾病，为基督教式的存在哲学著作。

克尔凯郭尔
（1813 — 1855）

存在哲学

尼采 —— 超人

怎样才能活得坚强？

人是极为脆弱的存在，但不能因为这样就轻言放弃。要怎样做才能接纳自己的脆弱，并坚强地活下去？在思考这个难题时，德国哲学家尼采的超人概念可以作为参考。

尼采使用了德语 Übermensch 来表达这个概念，以英语来说，也就是 superman。有一句话象征了尼采的思想："上帝已死。"但实际上上帝不可能死亡，这句话是在批判基督教。

因为尼采说，基督教被称为爱的宗教，是抚慰弱者的宗教。基督教伸出了救赎之手，要人肯定自己的脆弱，在天国得到救赎，因此创造了救赎主体的上帝这个存在。

于是**人肯定自己的脆弱，将一切托付给上帝**。尼采就是批判这一点，说这岂不是形同奴隶吗？因此他称基督教是"奴隶道德"，主张这种**奴隶道德带来了**虚无主义。

他呼吁人必须尽快清醒过来，不依赖奴隶道德，坚强地活下去。这便是尼采的思想核心。因此他宣言"上帝已死"。人生就是不断地重复相同的事，这叫作永恒轮回。我们不管再怎么痛苦，都必须接受这个永恒轮回，亦即必须全面地肯定生命。因此**能不能坚强地活下去，全系于能否理解永恒轮回，并仍然**

心想“好，我要再来一次”。

对任何人来说，这都是最难熬的一件事。重复相同的事一点都不有趣，更何况要重复的是痛苦的人生。尼采将**能够接纳永恒轮回的存在称为“超人”**。因为能接纳永恒轮回这种痛苦的存在，已经是超越人类常识的存在了。

但话说回来，超人绝非遥不可及的存在。如果渴望坚强地活下去，一定就能接受永恒轮回才对。

超人

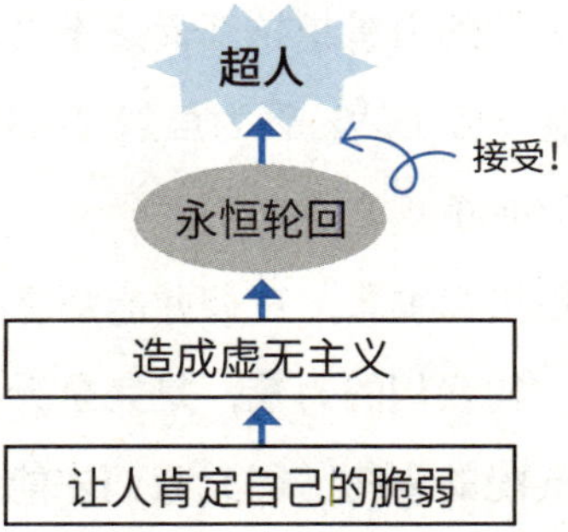

生平与思想

德国哲学家。视基督教为奴隶道德，加以批判。站在存在主义的立场，主张以超人思想克服人生的痛苦。

尼采
（1844 — 1900）

存在哲学

尼采 —— 权力意志

驱动人类的力量是什么？

你是否觉得自己被某种巨大的力量所推动？确实，我们总是想着要做什么，却不可能事事如意。一定有什么巨大的力量在作用。而尼采敏锐地识破了这巨大力量的真面目。

尼采说，人一切的行为，都有权力意志在起作用。因为任何事物，都是由复数的力量相抗衡而逐渐形成结果的。只要看看社会，应该就能一目了然。因为虽然每天都会发生各种问题，但最后总是能归于平静。

即使有各种想法和主张，在彼此激荡之下，最后一定会有一个着落。不过，凭我们的力量，是完全无法干预的。这表示世上有理性无法支配的事物，因此我们才能够行使意志。因此虽然叫作权力意志，那也不是人为的力量。

话虽如此，如果没有这种意志，人确实也无法成长，所以我们应该具备旺盛的权力意志。重要的是了解它的本质。也就是因为我们具备想要做各种事的意志，事物才会有进展，只是现实不一定总是能如意。

而事情无法如意时，人很容易想要找出一个罪魁祸首，但实际上并不存在罪魁祸首这种东西。因为**一切都是权力意志造**

成的结果。一切都只是自己渴望如何的心情所带来的幻象。

因此即使天遂人愿，也不能归咎于他人。因为如果怪罪他人，就等于是依靠着基督教的奴隶道德在生活了。既然结果是自己所带来的幻象，我们就非接受它不可。

说到底，人天生就是会拥有“权力意志”，并且受到它的驱动。这股力量造成了人在科学、宗教上的各种行动。尼采特别注意到的是艺术。尼采这种权力意志的概念，让他提出了新的**生命哲学**（相对于过去的近世哲学探讨的是理性，生命哲学探讨的是非理性的生命意义）。

权力意志

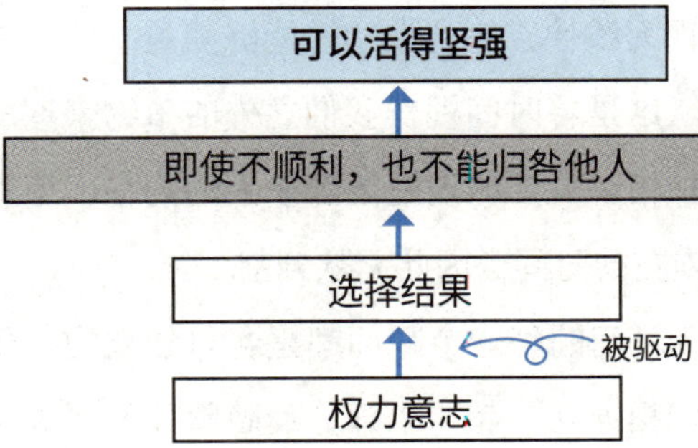

主要著作

《道德系谱学》：将基督教视为奴隶道德，加以批判。《查拉图斯特拉如是说》：以故事阐述永恒轮回与超人思想。

尼采
（1844 — 1900）

生命哲学

柏格森 —— 绵延

时间是什么？

我们活在时间当中。因此即使意识到具体的时间，比方说“已经八点了”，但被问到时间是什么，却会一下子答不上来。时钟并不是时间，时钟只是方便我们的生活而被制造出来的工具。在思考时间这个问题时，法国哲学家**柏格森**的**绵延**概念可以作为参考。

绵延是关于时间的概念，显示了柏格森的**生命哲学**特征。时间一般都被视为线性、序列性的，能够测量，比方说一个小时、两个小时。这是将时间视作我们之外的事物来理解，因此可以分割。但柏格森说，**时间是更源于人的内在、更直观的事物**。亦即它是内在的时间，因此无从分割。

换个说法，时间的每一个瞬间都是各自独立的，但是在我们的内在，它们相连在一起，以部分反映整体的形式存在。也就是说，**时间就像旋律，如果在其中加入新的音符，整体就会随之改变**。

尽管如此，我们还是觉得只是加上了一个音符而已，就好像加上数字一样。

柏格森说，这是因为我们以理解空间的方式看待时间的缘故。空间可以测量，只要加上一立方米，房间就会变大一立方米，但时间不是如此。可以说空间是量，而时间是质的存在。

就像这样，只要重新审度时间观念，过去也并非单纯的似水年华了。**记忆不是过去发生的事，当我们回忆的时候，实则过去又重来了一次**。在这种情况下，记忆并非脑中沉眠的事物被唤醒，而是原封不动地存在过去。

改变对时间的观点，就好像连人生的意义都改变了，对吗？不只是这样而已。世界是凭借时间来运行的，因此只要改变对时间的观点，不仅是人生，对社会的观点和意义一定也会彻底翻转。

绵延

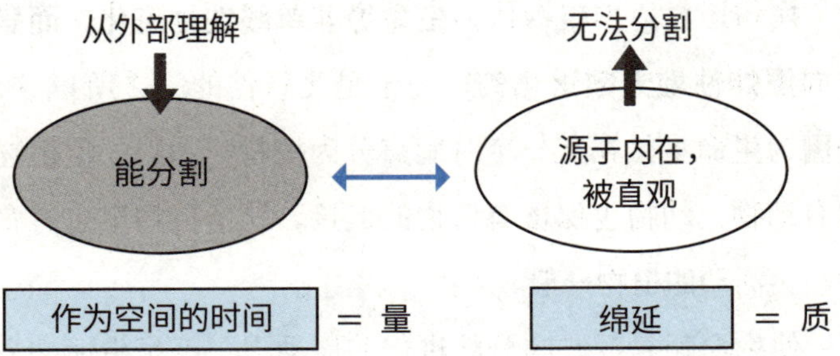

生平与思想

法国哲学家。提出生命飞跃性地进化的根源力量“生命冲力”概念。

柏格森
（1859 — 1941）

生命哲学

柏格森 —— 生命冲力

人是如何进化的?

人类是如何进化的？达尔文的进化论说，人是根据自然淘汰法则，从猴子逐渐进化成人类的，但总觉得事情没那么单纯。因为仅靠自然淘汰这个环境因素，无法完全说明生命复杂而且高度进化的理由。这时我们可以参考**柏格森**独特的进化论。

柏格森的进化论，是“**生命冲力**”（Élanvital）的概念。Élan是跳跃或飞跃的意思，而 Élan vital，就是“生命的飞跃”之意。

换句话说，柏格森认为**生命绝非单线性地进化，而是朝多方向爆炸性地分散进化的**。完全是飞跃性的。之所以这么说，是因为生命虽然在某一个时间点分为植物与动物，但植物仍保留有动物、动物也保留有植物的痕迹。就像植物里也有食虫植物和会活动的植物一般。

使生命朝复数方向分歧进化的原动力，就是生命冲力。为了证明生命冲力的存在，柏格森着眼于属于不同演化线系的生物，却拥有类似的结构这一点。譬如他质疑，软体动物与脊椎动物应该是属于不同演化线系的生物，为何都拥有眼睛这种复杂的器官？据说两者的眼睛，无论是化学构造还是来源的胚体都不同，却具备相似的形态与功能。

柏格森说，这一定是因为身体的组织，与非解决不可的问题之间的关系来到临界点，就会产生不可预期的生命变化。他认为这时**想“看”的强烈欲望化成了能量，冲破临界点，形成了眼睛器官**。

柏格森**驳斥以机械论的方式去理解生命演化过程的论断**。机械论将自然界整体视为一具受到数学法则支配的机器。但如果是这样的话，未来的演化应该可以计算出来。因为这等于一切都已经计算好了。

柏格森强烈地谴责这样的看法。因为机械论只适用于可以人为预测的非生命物质，不能扩大到会发生不可预期状况的生命世界。也就是说，生命与其他物质是不同的。

生命冲力

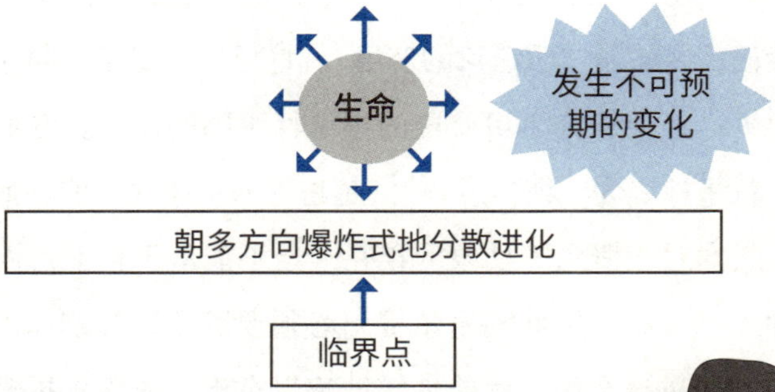

主要著作

《时间与自由意志》：以绵延概念展开新颖的时间论。《创造进化论》：以生命冲力的独特概念为基础的进化论。

柏格森
（1859 — 1941）

现象学

胡塞尔 —— 现象学的还原

如何以不同的观点看世界？

我们总是看着一样的世界。但有时会发现电视新闻上的报道，或政治家说的话根本就是错的，因而大为震惊。难道就没有方法可以用不同的观点去看世界吗？这时我们可以参考**胡塞尔**的**现象学的还原**观念。

胡塞尔说，我们平日总是老实地将事物或世界的存在当成大前提。这是日常经验造成的习惯，是单纯的“**自然的态度**”。

但胡塞尔批判说，要追求真理，这样的态度是不行的。这时我们需要的是“**超越论的态度**”。这可以说是除了哲学性的反思之外，还要探究不可质疑的根源性事物的态度。我们要探究的，就是被称为“**纯粹意识**”（超越论的主体性）的领域。

原本对于概念等抽象的存在，是不能基于自然态度这样的惯性去判断的。因此胡塞尔提出必须要遮断这样的态度。因为他认为通过这么做，**就能纯粹地感受意志，去深入探索事物的本质**。这就是“现象学的还原”。通过现象学的还原，一切超越性的事物都被排除之后，仍然留下来的事物，就是纯粹意识。

就像这样，现象学是意识本质的学问，以分析全意识领域的本质为课题。因此不会去追究意识个别的、偶发的特性，而是在普遍的性质层面上得到阐明。

一般来说，事实与本质是密不可分地相对应的，但本质并不必然仅与特定的事实相结合。从这个意义来说，本质具备普遍性。**对于各种意识体验到的事物本质，原原本本地去掌握，这种作用叫作“本质直观”。**

“本质直观”有必要与和经验性的事实相关的“经验直观”区分开来。通过本质直观掌握的本质并不特别精巧，却极为重要，可以说这便是胡塞尔提倡的现象学的意义所在。我们唯有获得本质直观，才能从不同的观点去看世界。

现象学的还原

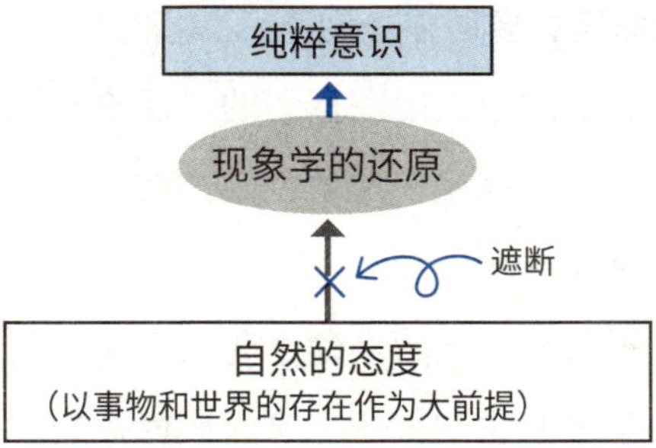

生平与思想

出生于奥地利的哲学家。为了替各种学问打下基础，开创了据实记述意识现象的现象学。海德格尔是他的弟子。

胡塞尔
（1859 — 1938）

现象学

胡塞尔 —— 悬置

停止判断是什么意思？

为了怀疑常识、厘清真理，有必要暂时停止判断。但是要怎么做，才能停止判断呢？我们的脑袋只要开始思考，就难以停止。一旦认定是如此，除非遇上天大的冲击，否则是不会改变观点的。这时我们可以参考**胡塞尔**的**悬置（epoché）**概念。

“悬置”一词，原本来自意味着“中止”的希腊语。古希腊哲学家皮浪是第一个使用这个词汇的人。皮浪说，**为了探究真理，必须避免断定，暂时停止判断**。

胡塞尔将这个概念应用在自创的“**现象学**”上。悬置是现象学的方法之一。也就是在现象学中，会将乍看之下理所当然的事实先放入括号中。

原本对于概念等抽象的事物，我们都只是基于习惯去做出判断，其实并不了解它的本质。这时候就需要“停止判断（悬置）”了。也就是将我们日常确信“存在于那里”的世界存在，**视为只不过是自然的态度带来的印象，而暂时“放入括号中”**。

如此一来，被放入括号中的世界，便能纯粹地被意识、被探究本质。也就是要去质疑常识。这便是暂时停止判断的意义。

然后将即使停止判断，仍自然地从意识中涌现的事物加以表述。亦即仅记述意识的内涵。这便是所谓**现象学的还原**的过程。经由这样的过程，自我意识与外在世界相连，然后终于能够看清真理。

不过对于悬置，也有一些批判的声浪。比方说，有人批判这只是将客观的真理放入括号中，记述主观的真理罢了。也就是说，这等于是陷入了双重真理的状态。对于这一点，胡塞尔回答，他绝对不是以主观的真理取代客观真理，反而是在质疑客观真理的根源意义。换句话说，**悬置是停止判断，但并非放弃判断**。它的目的是为了进行更深刻、更根源性的思考，这一点必须留意。

悬置

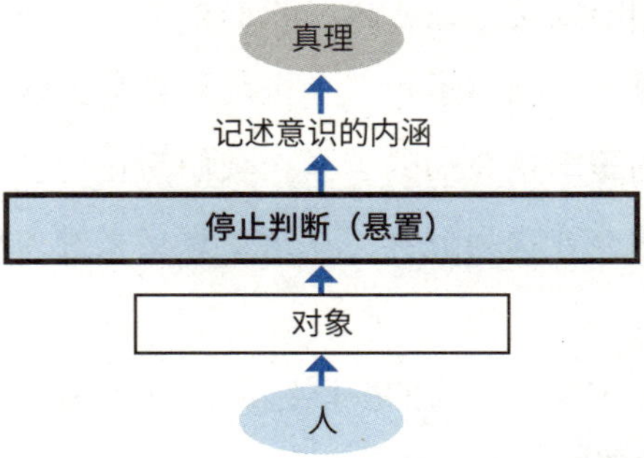

主要著作

《观念》：阐述透过悬置、现象学的还原等方法来萃取出纯粹意识，胡塞尔现象学根本原理的大著。

胡塞尔
（1859 — 1938）

存在哲学

海德格尔——在世存有

人原本的生活方式是什么？

人该怎样活下去才好？人原本的生活方式是什么？当然，我们也可以毫不思考，浑浑噩噩地过日子，这也是一种答案吧。但不知为何，我们就是无法接受这样的人生。所以人才会摆脱不了“何谓人生的意义”“何谓原本的生活方式”这些难题。思考这些难题时，**海德格尔**的“**在世存有**”概念可以派上用场。

海德格尔说，**在世存有便是活在世上，与各种事物发生关联，并为它们所烦忧**。比方说，我们早上起床后会刷牙，吃早饭时会用餐具，通勤时坐车，上班用计算机，睡觉时则躺在床上。这些事物等于是我们的工具，我们活在这些工具当中。海德格尔将人的存在称为**此在**，从这个意义来说，此在便是在世存有。

不过，人活在与事物的关联之中，并不是单指人活在物质的包围中。如果只是被物质包围，无为地反复寝食活动的存在，那么你是谁都无所谓了。海德格尔说，那样的话，就只是个“**常人**”而已。

“常人”只是个以工具为终极目的的人，就会变成可替换、可代理的人，变成是谁都无所谓的存在了。因此海德格尔认为

可替换的此在并非原本的生活方式，主张人应该要过着原本的生活。

海德格尔在设计出“在世存有”这个概念时，参考了生物学中的“环境世界”这个概念。一切的生物都拥有环境世界，但全都不尽相同。海德格尔主张，首先对非生物来说，是没有世界的；而对动物来说，世界是贫乏的。相对于这些，对人类而言，世界是形成的。亦即人是自行开创世界的生物。

海德格尔的思想被归类为存在主义，但他本人不认同这样的分类，不过基于以上的理由，他的哲学仍被定义为主动开创人生的**存在哲学**之一。

在世存有

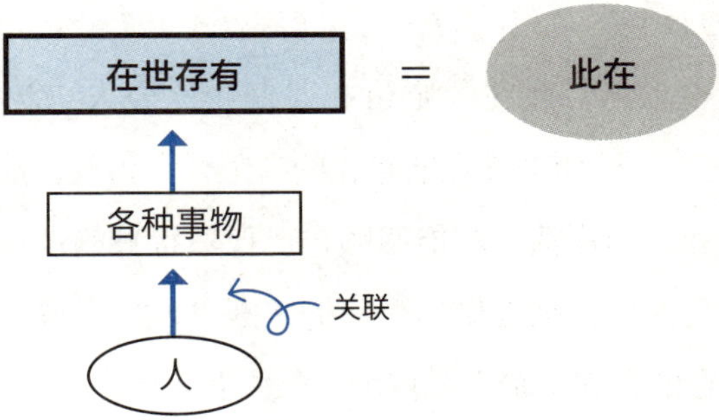

生平与思想

德国现代思想家。主张人应该自觉到自己是无法取代的“向死存有”。也因为支持纳粹而出名。

海德格尔
(1889 — 1976)

存在哲学

海德格尔 —— 先行决断

死亡的意义为何？

对人而言，死亡具有什么意义？我们常以负面的角度看待死亡，将它视为虚无、悲伤、恐惧，但对于这个沉重的问题，**海德格尔**为我们提供了一个正面积极的答案。

每个人的内在都有根本的不安，那就是对死亡的不安。然而海德格尔竟想要**将这股不安转化成积极的心态“先行决断”**。简单地说，先行决断就是预先了解到人生的前方即是死亡，并予以接受。

海德格尔将“此在”定位在时间中，要人自觉到被夹在“诞生与死亡”这两个终点的存在的有限性。借此，此在虽然面对自己的死亡而崩溃，却能回顾自己已然置身的现状，放眼自我固有的可能性，被迫做出瞬间的决断。换句话说，人便是一个迈向死亡的存在，踏上无可取代的固有人生。

海德格尔的意思是，**只要每个人都意识到死亡，就能认真地过活。而那认真的模样，才是真正的此在**。海德格尔认为，**因为死亡是让人意识到生命有限的契机，而积极地予以肯定的评价**。这也是为什么海德格尔被称为死亡的哲学家。

这一点也反映在他对时间的概念上。海德格尔说，**意识到**

死亡，就能萌生先行决断，意识到当下这一瞬间。这就是**原始的时间性**。相对地，若是对未来一片茫然，只是庸庸碌碌地活在现在，这里有的就只是非原始的时间性。在非原始的时间性里，**死亡被遗忘，因此人只是浑浑噩噩地度日**。因此他呼吁人类要克服这种通俗的时间概念。

海德格尔肯定死亡的意义，并揭示人存在的意义。二战爆发前他支持纳粹，导致后来被逐出教育界，但他克服这些挫折，执着于持续揭示存在的意义，他的哲学可以说筑起了一座在现代依然屹立不倒的金字塔。

先行决断

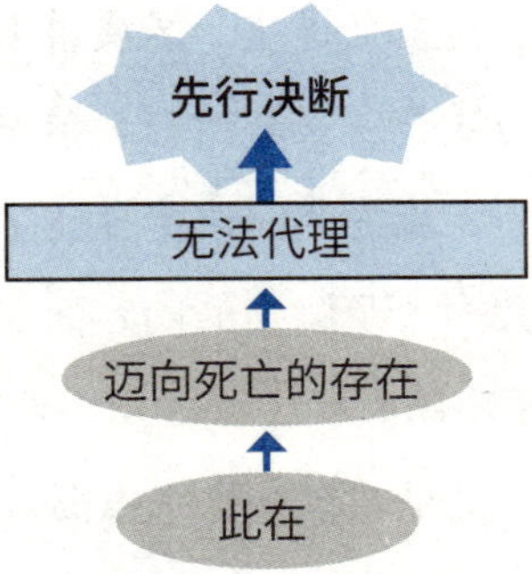

主要著作

《存在与时间》：原本的主题是存在论，但未完成。不过绪论中对于人（此在）的分析，赋予了存在哲学莫大的影响。

海德格尔
（1889 — 1976）

存在哲学

萨特 —— 存在主义

命运能改变吗？

人的命运能改变吗？思考这个问题时，可以参考法国哲学家**萨特**的**存在主义**。存在主义有许多提倡者，他们的共通之处，在于都主张人能自行开创人生，而萨特的思想可以说是其中的典型。

萨特认为，**人绝对不是受到某些既定本质支配的存在，而是应该亲手开创人生的存在**。

萨特正式介绍存在主义是在一场演讲上，它的内容后来被整理成《存在主义与人文主义》一书。据说当时的听众数量多到连会场都容纳不下。因为当时对于存在主义，大众依然抱有负面印象，所以才会为了了解它的内容而前来听讲。萨特就是在这样的逆风中开拓出新时代。

萨特说，存在主义是“**存在先于本质**”。存在也就是实存，而本质就类似预先注定好的命运。

萨特以拆信刀为例来进行说明。拆信刀是以特定的方式制造出来的物品，同时具备某种用途。因此这种情况，可以说拆信刀是先有本质（用途、角色），然后才会存在（实存）。也可以说拆信刀的存在受到本质的限制。因此像拆信刀这种制造方式与用途都预先决定好的存在，是本质先于存在。换句话说，它的命运早已注定。

但人的情况则完全相反，“存在先于本质”。人一开始什么都不是，是后来才成为人的，而且是成为自己打造的样子。换句话说，人的命运是可以改变的。

萨特称这种状态是“**人是被判处自由的**”。它反映出人被迫不断地自由做出选择。确实，如果听到“做什么都可以”，人就会不知所措。但同时这句话也让我们认识到一个骄傲的事实：**我们总是在人生旅程无数的选项当中，自由地做出选择。**

存在主义

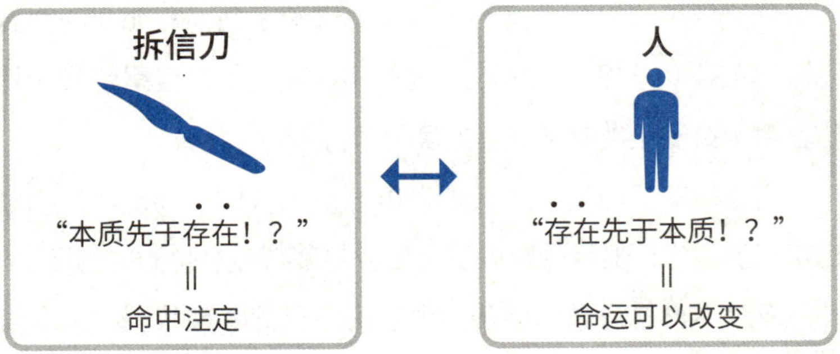

生平与思想

法国哲学家、小说家。基于存在主义，主张人应该积极参与社会。自己也主动发起政治运动。

萨特
（1905 — 1980）

存在哲学

萨特 —— 介入

改变社会是怎么一回事？

改变社会是怎么一回事？我也有过这样的经验，不管再怎么想要改变，社会依然存在着好几道高墙，无法轻易说变就变，有时甚至是完全无可奈何。效法堂·吉诃德那样，果敢地挺身面对，真的有意义吗？**萨特**的**介入**概念回答了这个问题。

“介入”是萨特提出的术语，意思指的是积极地参与。原文为 engagement，英语多译为 commitment。

萨特经历过战争，这件事肯定也影响了他的思想。萨特有段时期被征兵从军。在这无从逃躲的拘束之中，他醒悟到所谓的自由，只能在被赋予的“**处境**”中得到。

要在被赋予的处境中实现自由，该怎么做才好？既然无法逃离，那么也只能纵身跃入了。这便是萨特最后得到的答案。

面对不论自己做何感想，都无可奈何的客观状况，人有时就会这么认命地接受，但萨特的主张与这种消极的态度正相反。萨特主张的不是消极地接受，而是通过**积极的社会参与，甚至能扭转客观状况**的正面态度。

因此结果是次要的。如果认为高墙打不破就放弃，那便永远都不会有所改变。只要有一丝可能性，就要挺身对抗。唯有如此，才能得到自由。

萨特这种果敢的态度背后，可以说是一种责任感吧。那是**随着自发性的选择而来的责任**。而且萨特说，这是对于全人类的责任。他说选择自己，就是选择全人类。因为**存在主义不是自扫门前雪这种狭隘的思想，而是为了全体社会的思想**。

就这样，**萨特的存在主义逐渐定型，变成通过自己的行动，去实现社会变革的理论**。事实上，萨特曾支持反（美国）越战运动、阿尔及利亚独立战争等，通过自己的选择，积极实践“介入”的概念。这才是存在主义实现自由的方法。

主要著作

《存在与虚无》：以现象学角度考察存在论的主要著作。对人的精神进行存在式的分析，掀起了存在主义的热潮。

萨特
（1905 — 1980）

身体论

梅洛庞蒂 —— 身体图式

身体可以控制吗？

我们能说完全控制了自己的身体吗？**梅洛庞蒂**的**身体论**回答了这个问题。

梅洛庞蒂借由以现象学的方式去研究身体，试图跨越笛卡尔的精神与物质二元论。亦即，他说**自己的身体经验，是非精神也非物质的“二义的存在方式”**。

这里所说的二义性，起因于人是通过身体来感知。因此身体的一部分对我们而言，是永远无法被感知到的，一般来说，我们也无法像对其他事物那样，去自由观察我们的身体。

而就像我们绝对无法自由观察自己的身体一样，我们也无法自由地意识到自己的身体进行的潜意识活动。亦即，**我们的身体会任意行动，这是一种感知造成的无意识行为，也就是非人称行为**。

并且，身体具有任意将各种感觉和运动联结在一起，并生出构造或意义的功能，这叫作“**身体图式**”。换句话说，身体能够当场将感觉变换为肌肉运动，或瞬间将身体某部位的肌肉运动翻译成其他身体部位的肌肉运动，或是让一种感觉与另一种感觉瞬间交流。

这与过去的存在观念，以自我意识为中心去捕捉人的存在本质的发想截然不同，可以称之为以身体为中心的身体存在。

多亏了这个身体图式，人才能顺畅地感知到世界，做出行为。至于为何能做到这样的事，是因为**这些感觉与运动，被视为将事物当成整个对象来看待的完形（gestalt），也就是被视为形态的特性或构造。**

身体在世界做出行为时浮现的这种完形，大部分属于无意识的领域。身体图式中呈现的完形，大部分是我们作为个体诞生以前，就遗传性地继承下来的。从这个意义来说，可以说**身体的存在是超越个人的、传统的重复。**

身体图式

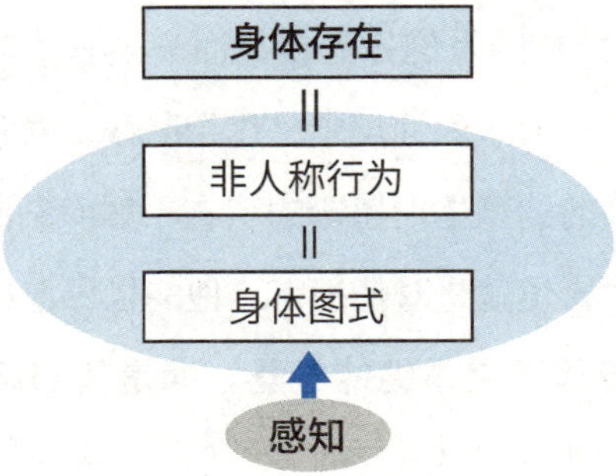

生平与思想

法国思想家。哲学史上第一个正式以“身体”为主题的学者，试图从现象学的观点去克服心灵与身体的问题。

梅洛庞蒂
（1908 — 1961）

身体论

梅洛庞蒂 —— 肉

身体与世界是什么关系？

身体与世界是怎样的关系呢？当然，我们的身体存在于世界中，但**梅洛庞蒂**超越了这种被动的观点，找到了更积极的意义。

梅洛庞蒂以迥异于过去常识的角度，谈论心灵与身体的关联，也就是将身体视为对象物与我们的感知之间的媒介。因为他着眼于**我们总是通过身体来看见、触摸并感知**。

梅洛庞蒂认为是身体塑造了我们的世界以及意识。各位知道"幻肢"吗？幻肢指的是例如因事故而失去右手的人，仍会无意识地想要用右手抓取东西的现象。这个时候，对那个人而言，世界仍是遭遇事故前的身体所感知的状态。然而渐渐地，他会习惯没有右手的世界。也就是对他而言，他的世界已经改变了。

在这里，**身体不是单纯的机器，而是我们和世界联系的唯一手段**，也可以形容为对世界的意向性。这样的身体，可以说是**我们与他者共鸣所需的共通界面"肉"**。也就是说，他者也和自己一样拥有身体的这个事实，成了我们理解他者的契机。

右手触摸左手的时候，我们会有右手碰到左手以及左手被右手碰到这两种感觉，而这种感觉不仅是对自己的身体，对他者或物品也是一样的。

这么一来，也可以推测世界是由某种一切皆为一体的事物所构成、全都相连在一起。而这“皆为一体的事物”，就是这里所说的“肉”。附带一提，这个“肉”来自于《圣经》。在《圣经》的世界里，可以看到许多人“分享肉”这样的表现。

因此，世界的一切，都只不过是以不同的方式表现出来的同样事物罢了。

我们会认识世界各种事物的差异，是因为通过自己的身体这个媒介的感知之故。在这里，身体具备的意义有了重大的变化。**我的身体，超越了单纯身体的意义，被重新定义为我和世界联系的媒介物**。

肉

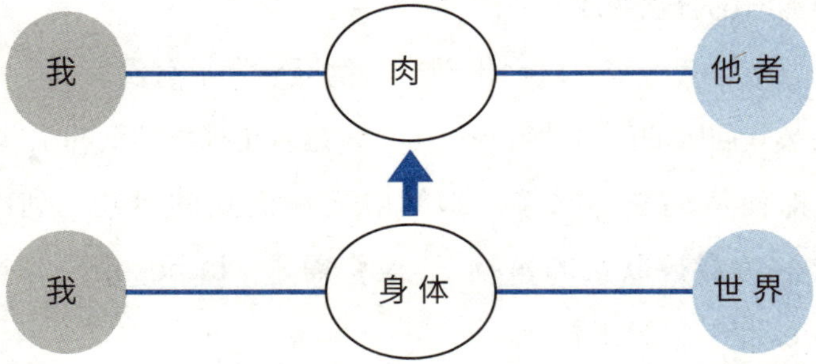

主要著作

《知觉现象学》：以胡塞尔的现象学为基础，着眼于身体带来的经验的二义性，试图解决身心问题。

梅洛庞蒂
（1908 — 1961）

他者论

列维纳斯 —— 脸

为什么我们会在乎他人的眼神？

我们很在乎他人的眼神。到底为什么呢？思考这个问题时，可以参考**列维纳斯**提出的“**脸**”的概念。

列维纳斯说，人会试图厘清事物的轮廓。这是**为了让事物更明确，从而去拥有它们。通过拥有，作为“他者”的世界就会变成我的，也就是变成“同”**。人是一团需求。换个说法，就是一团空缺，所以会去追求。而这样的需求得到满足的同时，世界的一部分也变成了我的。

但是这么一来，就会出现一个问题：世上有没有一个绝对不会被我回收的绝对他者呢？可以说这就是列维纳斯的主题。

即使我们去追求了，却绝对无法满足的事物，列维纳斯称它为“**被欲望的事物**”。他将需求（le besoir）与欲望（le désire）区分来看待。

欲望的对象，是**绝对不会被满足、可永远追求下去的事物。那就是他者**。因此他者不会被任何人所拥有。就像列维纳斯的著作《总体与无限》这个书名象征的，他者是绝对不会被纳入整体之中的存在。因为列维纳斯仇视“整体”这个概念，他认为整体性会剥夺个性，极权主义就是其中的典型。

关于绝对的他者，列维纳斯说：“唯有绝对的异邦之物，才能教导我们。对我而言，能成为绝对的异邦之物的，就只有人。”

最能象征那绝对无法得到的他者的，就是“脸”。“脸”是他者的显现，而且这指的不是一般的脸，而是当下面对面的“脸”。

说得浅白一点，**人唯有被他人的脸注视时，才能意识到自己的存在，感觉到加诸己身的责任。**因为“脸”不仅每一个人都不同，而且他人的眼神是绝对无法纳入自我的另一个世界之物。它不允许用我的尺度去衡量，所以我们才会如此在乎他人的眼神。

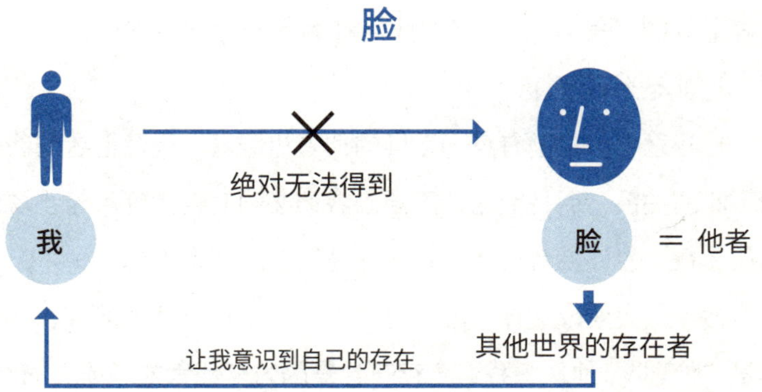

生平与思想

生于立陶宛的犹太裔哲学家。出于遭纳粹逮捕的经验，主张应尊重他者的存在。

列维纳斯
(1906 — 1995)

他者论

列维纳斯 —— 伦理

何谓伦理？

伦理究竟是什么呢？世人都说伦理很重要，或说人们缺乏伦理，我们也在高中学过“伦理”这样的科目，但其实我们并不清楚伦理的真实面貌。在思考伦理的问题时，**列维纳斯**有关**他者**的思想可以作为参考。

他者，是根本上与我不同的存在。说起来就是来自于我的世界之外的“**差异**”。尽管如此，身为差异的他者却会侵入我之中，这就是个问题了。

在我之中，总是有身为差异的他者盘踞着。因此他者与我是切不断的关系，而且因为切不断，我们必须对他者扛起无止境的责任才行。也许会有人认为单方面地扛起责任太不公平。

为什么会变成这样？因为对列维纳斯来说，他者的存在本身就是“伦理”。他认为**我这个存在，是因为有他者才能成立的**。

一般谈到伦理，指的是自己与他者之间对等的关系。因为伦理是同伴之间应该遵守的规范、规矩。但列维纳斯所说的**伦理，却会衍生出对他者负起无止境的责任这种非对称的关系**。先前说的**他者本身就是伦理**，就是这个意思。

他者先于自己的存在，这样的观点令列维纳斯的思想与过

去的西方哲学大异其趣。事实上，列维纳斯就把过去从柏拉图延续到笛卡尔、黑格尔的西方哲学称为整体性的形而上学，加以抨击。因此他强烈影响了二十世纪八十年代以后德里达等人的后现代思想。

列维纳斯的思想也可以说给了我们契机，重新审视以自我为中心的现代社会。我们总是以自我为中心的角度去思考事情，然而世界上还有其他的观点存在。在现代社会，就连伦理都被视为自己应做的事。但如果将伦理重新定义为**自己应该为他者做的事**，会出现什么变化？我深切地认为，那应该会是个比现在更为他人着想、没有暴力的和平社会。

伦理

他者就是伦理

||

非对称的伦理，我对他者负起无止境的责任

↑

我之中随时都有他者 = 他者与我切也切不断的关系

↑

作为差异的他者存在

主要著作

《总体与无限》：阐明不会被纳入整体的他者的无限性，是非暴力的存在论。

列维纳斯
（1906 — 1995）

专栏四

二十世纪是怎样的时代？

第四章主要介绍了二十世纪的哲学家。即从一九〇〇年开始的时代，这个时代，也被称为动荡的时代。毕竟二十世纪发生了两次世界大战，研制出威力足以毁灭人类的核武器，且人类终于飞上太空，当时即是这样的时代。

哲学家也随着时代一同思索，因此当然无法脱离时代的影响。这个时代有许多哲学家以各种形式参与战争，就是出于这样的理由。

像成为战争牺牲者的萨特、列维纳斯，或是反过来作为加害者的海德格尔。不管怎样，他们都被迫正视了迥异于理性的人类本质。

无论站在何种立场上，至少他们确实都曾试图克服人类的负面作为。因此这个时代的哲学家，与自行开创人生这个意义面上的存在主义特别契合。

也许这可以说是一个面对无从招架的巨大力量，却仍然不断地挣扎抵抗的时代。二十世纪尽管是战乱的世纪，我们却不知为何向往着它，或许就是因为这个缘故。

反过来看，二十一世纪又是个怎样的时代？我总深深地感觉这是个万念俱灰的时代。从这个意义来说，现在的我们也更有必要去学习二十世纪的哲学。

Chapter

5

推动世界的新规则

现代思想

• 133 — 166 •

工具主义

杜威 —— 实用主义

知识该如何活用才好？

一直以来，我们的教育都是以背诵知识为主，虽然我们学到了许多知识，却不知道该如何灵活使用。知识究竟该如何活用才好？这时我们可以参考**实用主义（Pragmatism）**。特别是**杜威**的概念格外有益。

实用主义是源于希腊语中意味着行为、实践的 pragma 一词，它是在美国发展开来的思想。实用主义主要的论述者有三人，其思想内容也有着阶段性的变化。

第一个提倡实用主义的是哲学家**皮尔士**，他以“实用主义”这个词来表达厘清概念的方法。简言之，皮尔士主张以**科学的实验方法进行概念的分析，而概念的意义，将通过由此导出来的效果来确定**。

而**威廉·詹姆斯**将皮尔士提出的实用主义向前推进一步。詹姆斯将皮尔士的实用主义方法应用在人生、宗教、世界观等真理问题上。他主张，**真理必须从是否对我们的生活有用的观点**，亦即以实用性为基准去评估才行。

实用主义就像这样，发展成更为实践性的思想，最后由杜威完成。杜威将丰富我们的日常生活视为哲学的目的。这么一来，**思想和知识这些事物，便成了让人适应环境的手段，而非本身具有目的和价值**。知识可以视为对人的行动有益的工具，这样的思想，叫作工具主义。

杜威更进一步主张，经由探究的先行条件（不确定的状况）、设定问题、决定解决问题（形成假说）、进行推论、测试假说等阶段，才能让知识作为工具派上用场。

知识必须作为工具使用才有意义，这样的理念，对于只知道把知识当成知识背诵起来的人来说，应该是相当有益的观点。

实用主义

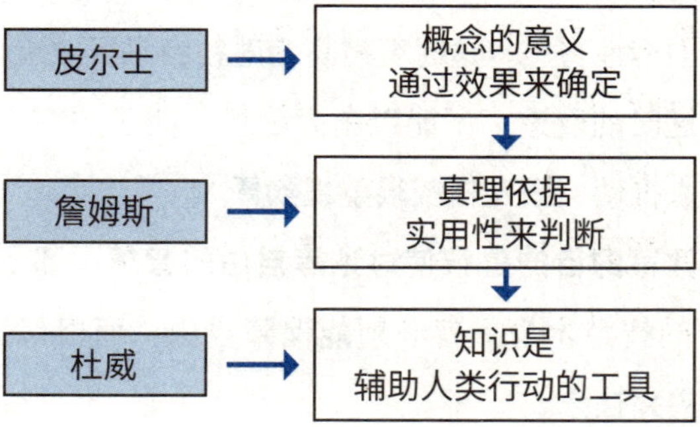

生平与思想

美国哲学家。开拓功能主义心理学，同时站在实用主义立场，提倡工具主义。在教育论方面也十分有名。

杜威
（1859 — 1952）

教育论

杜威 —— 创造性智慧

支持创新的思想是什么？

我们常说人必须创新。一般说到创新，指的是革新世上的习惯或技术。那么要秉持什么样的心态，才能做到创新呢？世上真的有能促进创新的思想吗？思考这个问题时，可以参考**杜威**的**创造性智慧**。

当**智慧影响周围环境，成功适应并将目光转向社会时**，杜威称此为创造性智慧。这时智慧将会对社会进行改造。

不过这时的改造，不能以蛮力进行，而必须完全是通过讨论的智慧来推动。因此杜威很重视**教育**。

既然**教育的目的是行使讨论等自由的智慧**，那么通过教育培养出来的智慧本身，就必须能保障自由。而担保这一点的，便是**民主主义社会**。

就像这样，**教育的目的被放在建构民主主义社会上**。学校被定位为实现此目的的“小型社会”，教育内容也被迫做出变革。实际上，杜威就成立了实验学校，以实践自己的实用主义教育。他想要借此达成的，无非是作为工具的智慧，也就是创造性智慧的涵养。

不仅是教育内容，杜威也对教育方法进行了改革。他将过去学生只是聆听教师讲课的被动课程，改变成亲自动手做、独立思考的主动内容。也就是所谓**解决问题式的教育**。

具体来说，创造性智慧在面对新的刺激时，能发挥创造性的功能，观察、认识刺激，预测未来，并规定出崭新的行动样式。换句话说，它是一种**重新建构原有习惯的功能**，所以才能适应社会的改造和进步。杜威的实用主义思想，在现代被视为创新的理论而受到瞩目，也是出于这样的理由。其中创造性的智慧，应该可以定位为促进创新的思想。

创造性智慧

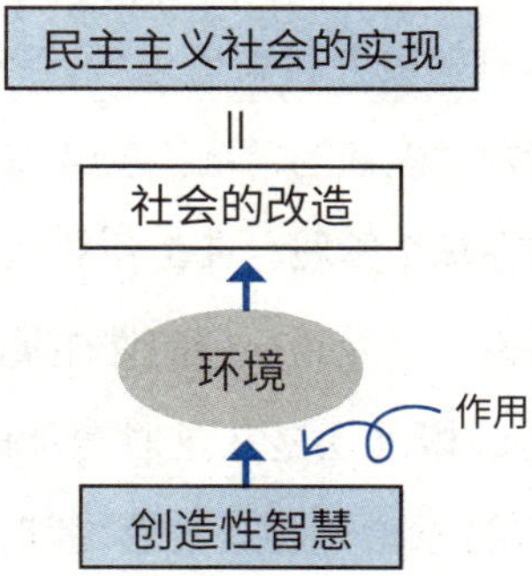

主要著作

《民主主义与教育》：将教育视为经验的重新构成，扬弃填鸭式教育，阐述与个人兴趣及欲望联结的教育的必要性。

杜威
（1859 — 1952）

精神分析学

弗洛伊德 —— 伊底帕斯情结

对父母的爱造成了什么影响？

父母爱孩子是天经地义的事，而孩子也爱父母。然而据说如果母亲与儿子的爱、父亲与女儿的爱过于强烈，就会出现问题。对父母的爱究竟会带来什么样的影响？**精神分析学**之父**弗洛伊德**的学说可以作为参考。

弗洛伊德说，**我们具备一种性的能量“性冲动”，如果对它的愿望遭到拒绝，一般就会转为通过替代物来满足愿望**。

但是若患有精神官能症的情况，就会在发展阶段中退化到前一个阶段，并停留在那个阶段。弗洛伊德认为这就是患精神官能症的原因。换句话说，是受到压抑的性能量转变成身体症状了。

伊底帕斯情结的概念便是在这时登场的。弗洛伊德说，随着男孩对生殖器官的原始关心及快感增加，会在无意识中对身边的女性，也就是母亲的依恋加深，同时开始厌恶起父亲。

这种对父母不同的感情会造成问题。也就是**做儿子的不管再怎么深爱母亲，因为有父亲在，他永远无法独占母亲**。男孩认为如果把母亲据为己有，就会被父亲切掉阴茎，因而处在恐惧之中。

而这时儿子会怎么做呢？**他们会努力在父亲面前当一个好**

孩子。就这样，规范意识逐渐形成。这就是伊底帕斯情结。“伊底帕斯情结”这个名称，是源于弑父娶母的伊底帕斯王的神话。弗洛伊德主张，这样的伊底帕斯情结便是患精神官能症的原因。

也就是说，即使长大成人，仍无法脱离屈服于父亲权威的状态，没办法将自己的性冲动转移到作为性对象的他人身上。所以才会罹患精神官能症。这种情况，当事人也不会发现与幼儿时期的感情有关。

当然不只是男孩，女孩也可能同样在内心厌恶着母亲，对父亲怀有扭曲的感情。此外，弗洛伊德还说一旦有了兄弟姐妹，想要独占父母的欲望又会衍生出家庭情结。

伊底帕斯情结

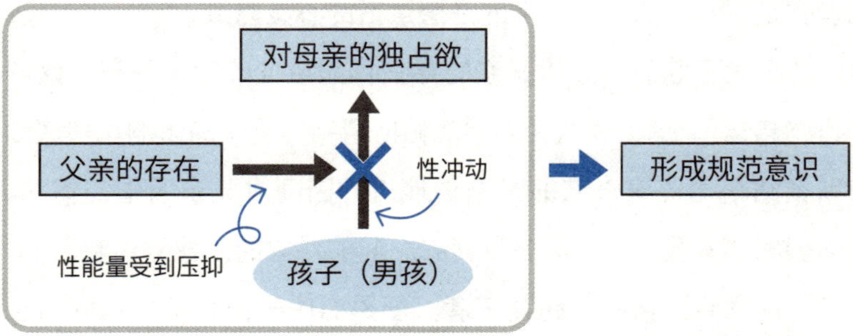

生平与思想

奥地利精神分析家。在治疗精神官能症的过程中，发现人类心中的潜意识领域。被称为精神分析学之父。

弗洛伊德
（1856 — 1939）

精神分析学

弗洛伊德 —— 本我

心的结构是什么样子？

心究竟是什么样的结构呢？心脏的结构图可以在图鉴上看到，但是心是什么样的结构却无人知晓。这时**弗洛伊德**的思想可以作为参考。

弗洛伊德的研究，可以说是在揭晓心的结构。其实心呈现三层构造。首先，人的根源之处有着性冲动（libido），也就是性的能量。这就是**本我**，德语叫作“es”，拉丁语叫“id”，两者都是“它”的意思，指的是**潜意识的心灵能量**。

相对于此的，是以父亲的存在作为象征的规范意识。这叫作“**超我**”。这个领域受到伊底帕斯情结等重大的影响。伊底帕斯情结是男孩对母亲的爱遭遇挫折，因而对父亲萌生的情结。而调解“本我”和“超我”两者之间的对立的，就是**自我**。

这**本我、自我、超我三者，便是心的三层构造**。超我可以说是伊底帕斯时期，内化于孩子内心的父母的道德面。也就是说，来自父母的压抑，内化于自我的内在了。这便是超我的形成过程。因此超我的功能，是将父母纳入、并与之同化的结果所产生的。这是一种教导善恶的功能，大部分是“不可以做……”的禁止形态。此外，不只是针对行为，它也会对不道德行为的念头产生吓阻作用。

因此，**作为欲望的本我，与作为规范意识的超我相对立。而自我负担起调解这两者的任务**。自我夹在两者之间，巧妙地控制彼此的对立，或是遏止，或是使其发挥功能，并逐渐茁壮。

不过自我也并非无所不能。自我总是夹在本我与超我之间纠葛矛盾，因此有时会觉得心快要爆炸了。这种情况，弗洛伊德说**心理防卫机制**会发生功用，自动让人解除压力。比方说即使得不到想要的东西，也会暂时迁就于替代品。看来人的心就像精密的机器一样，极为精巧。

本我

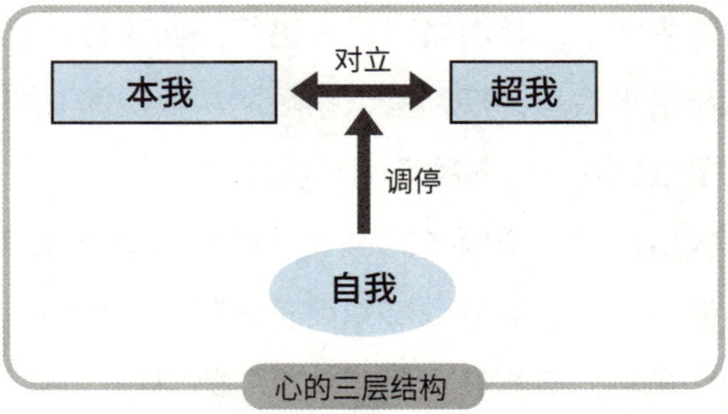

主要著作

《梦的解析》：认为梦的内容反映出潜意识，加以分析。《精神分析概要》：用潜意识的压抑与抵抗来说明心的结构。

弗洛伊德
（1856 — 1939）

语言哲学

维特根斯坦 —— 语言游戏

对话为什么能成立？

我们的对话为什么能成立呢？尽管同一个词汇拥有许多种意思，我们却能沟通无碍，实在不可思议。**维特根斯坦**的思想回答了这个问题。

维特根斯坦说："将语言工具与用法的多样性，还有词汇、句子种类的多样性，拿来和逻辑学家对语言构造的论述相比较，非常耐人寻味。"他将语言多样的运用方式命名为"**语言游戏**"。

在日常生活中，我们如同是在**进行交换语言，解释意义的游戏**。这样的游戏里，规则会依据场所和情况而有所不同。**语言活动，是依据生活的各种场合来决定的**。

维特根斯坦举了个例子，也就是将写了"五只红苹果"的字条交给对方，指示对方去买东西。这时，我们心中的前提是老板看到字条后，会打开写着"苹果"的箱子，然后寻找符合"红色"色样的物体，数好五只后拿过来的场面。

要通过"五只红苹果"这样的字条，得到五只红色的苹果，语言交换和解释的前提是不可或缺的。因为假设老板把苹果当成橘子，或是把红色当成黄色，或是把五当成三，看到这张字条，就可能会拿出"三只黄色的橘子"了。换句话说，问题在于生活中这些词汇如何被使用。这便是维特根斯坦要表达的意思。

因此我们可以说语言游戏是“**生活形式**”。这一点从他的这段话也可以看出来:“我使用‘语言游戏’一词，是为了凸显说话是一种活动，是生活形式的一部分。”

这表示，**对我们而言，唯一确实的就只有语言活动**。这种情况，私人的语言不能算是语言。因为私人的语言“指的是只有说的人知道，也就是直接的、私人的感觉”，这无异于没有人能理解的声音。**如果无法与他人沟通，语言就不具有意义了**。

语言游戏

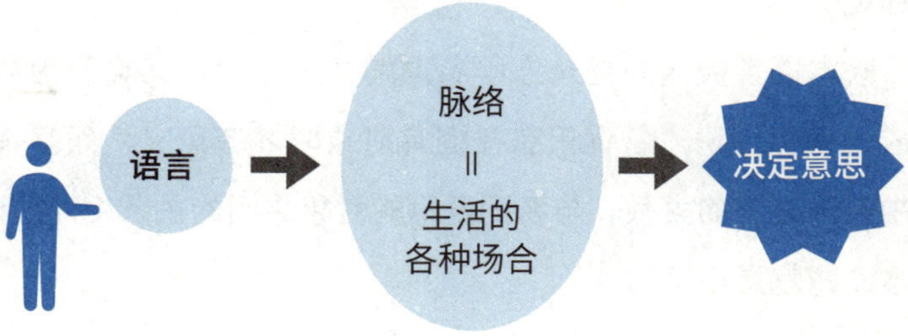

生平与思想

出生于奥地利的哲学家。以“语言游戏”概念为始，对语言哲学的发展极有贡献，对维也纳学派也有重大的影响。

维特根斯坦
(1889 — 1961)

语言哲学

维特根斯坦 —— 图像理论

语言与世界是什么关系？

语言与世界是什么关系？我们确实运用语言在生活。世界充满了语言。对于这一点，**维特根斯坦**提出**图像理论**，主张超越不假思索地运用语言的消极关系，建立起更积极的关系。

图像理论一言以蔽之，指的是**语言与世界的对应关系，也就是构造上的同一性**。这是维特根斯坦在《逻辑哲学论》中阐明的概念。他根据图像理论，意图从语言的可能性来阐明世界的样貌。

原本语言被认为是一连串名词的基本命题与其真值函数所构成。换句话说，**名词只有在拥有对象时才有意义**。而**基本命题中名词之间的关系，与名词表示的对象之间的关系相对应时，基本命题就是正确的**。

比方说，拿“小川仁志”和“山口县”这两个名词，与“小川仁志住在山口县”这个基本命题来看看吧。可以看出，“小川仁志”与“山口县”这两个词的关系性，与它们所指的对象——“小川仁志”及“山口县”的关系相对应。因此“小川仁志住在山口县”这个基本命题是正确的。

将这个道理更进一步发展，便是**全世界所有的事物都能通**

过语言来说明。这意味着世界能通过语言来述说。反过来说，异于自然科学的世界，**善、意志这些没有对象的命题，是无法谈论的**。对于这一点，维特根斯坦说，对于无法谈论的事，我们必须沉默。这等于是说，**语言的界限，就是世界的界限**。

维特根斯坦写下《逻辑哲学论》的动机，是要解决哲学上基于语言逻辑方面的误解而设定的各种课题。所以维特根斯坦主张哲学的工作不是说教，而是阐明。这完全是**将哲学定位为实证的工具**。

在这样的观点下，维特根斯坦的图像理论后来催生出维也纳学派的**逻辑实证主义**。

图像理论

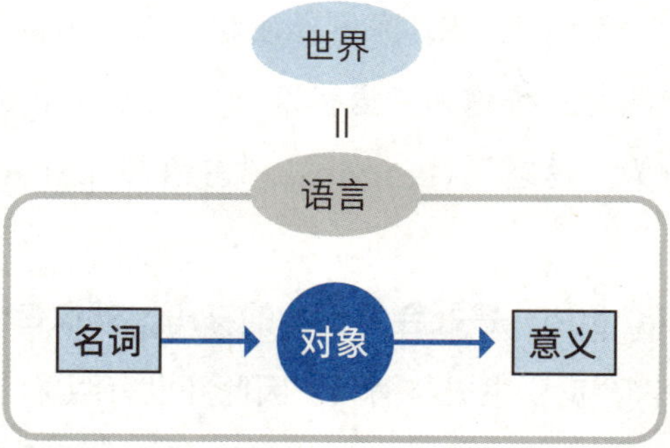

主要著作

《逻辑哲学论》：认为语言能说明的就是世界的一切，界定哲学能讨论的范围。尝试在这个范围内对世界进行完整的说明。

维特根斯坦
（1889 — 1961）

语言哲学

索绪尔——语言和言语

语言是怎么形成的？

语言是怎么形成的？本节要探索的是语言的构造。作为参考的，是语言学家**索绪尔**的思想。

索绪尔的思想，可以通过《普通语言学教程》得知。不过这本书并非索绪尔本人所著，而是在他死后，他的弟子根据讲义及学生的笔记整理而成的。最近的研究指出，里面也包括了他弟子的文章，但这并无损于这本书的意义。

首先从索绪尔的思想体系开始看起。索绪尔将所有的语言活动及语言能力，统称为"**语言活动**"（language）。这语言活动又大分为"**语言**"（langue）、"**言语**"（parole）这两个面向。

语言（langue）是社会所认同的符码，就像每个国家的母语。不过语言会反复生成与消灭，因此并没有明确的轮廓。

相对于此，**言语（parole）是基于语言，个人所发出的信息**。不过言语也并非单纯地在实行语言，也具有反过来影响语言、逐渐改变语言的要素，这一点必须注意。**日常语言的用法，有时甚至会改变原本的语言规则**。

事实上索绪尔就这么说："语言诞生的契约要成立，必须要有数千名个人的言语，语言并非第一次现象。”

索绪尔把语言能拥有的意义范围称为“**价值**”。在这个价值体系中，各种价值彼此依存，语言仅能以和其他语言之间的“**差异**”形态来存在。

也就是说，**体系中的语言并非本身单独具有意义而存在，而是随时与其他语言冲撞，仅能存在于和彼此的关系之中。**以这个意义来说，语言被视为“消极的”（negative）。

换言之，在索绪尔的体系中，**比起个体，整体更具优先性，在这整体之中，各个要素相互决定彼此的价值。**因此并非是由个体的总和来构成整体的。

语言和言语

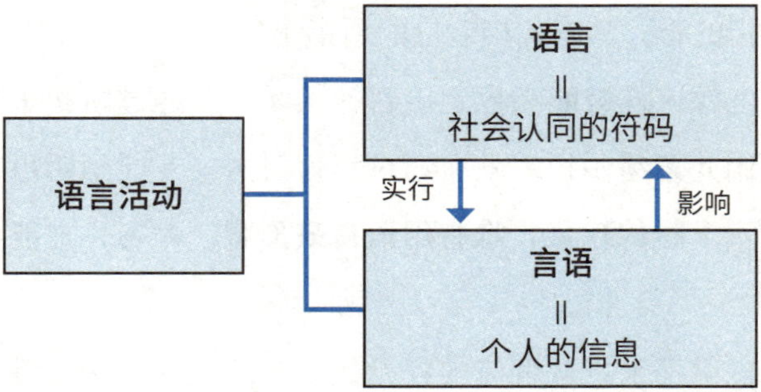

生平与思想

瑞士语言学家。创立分析语言成立结构的结构主义语言学，对后世的结构主义有重大的影响。

索绪尔
（1857 — 1913）

语言哲学

索绪尔 —— 符号

语言的音与内容如何联结在一起?

语言具有音和内容这两个要素。所以我们光是听到日语的“ame”，不会知道指的是“雨”还是“糖”。语言与音究竟是什么关系呢？思考这个问题时，一样可以参考**索绪尔**的思想。

索绪尔将语言视为一个“**符号**”（signe），区分为“**能指**”（signifiant）与“**所指**”（signifié）。亦即，“能指”是语言音的一面，**“所指”是音的内容**。比方说，对于日语“kumo”这个能指的音，其内容相对应的所指是“云”或“蜘蛛”。

语言像这样被能指界定出音的领域，并通过所指来界定出内容。因此索绪尔说，唯有通过语言符号，才能阐明事物的观念。确实，**新的现象，唯有用语言来形容、命名，才能界定其意义**。

语言说起来是从音与内容无数的组合选项之中，挑选出完全契合者而诞生的。换个说法，语言仅是依靠与其他组合的差异而成立。一点点的差异，便是天差地远。就像“pants”（裤子）和“punch”（殴打），因此能指与所指的联结十分重要。

索绪尔将能指与所指难分难舍的关系，比喻为水中的氢元素和氧元素，并且说:“如果将语言之水分离成氢元素与氧元素，就再也不属于语言学的范畴了。因为语言的实体已经不存在了。”

不过，即使某个能指与特定的所指联结在一起，两者的联结也没有任何自然的、逻辑的关联性。就像日本人把车子称为“kuruma”，但英语圈的人则称之为“car”。也就是说，其中的联结是恣意的。

索绪尔也说语言符号是恣意的。至于它的基准，不是依循自然法则，而是完全**由该语言的社会恣意决定的罢了**。

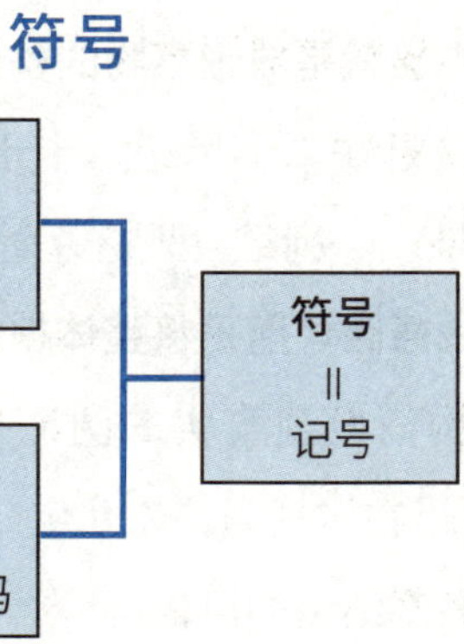

主要著作

索绪尔本人没有留下著作，但他的弟子整理他在日内瓦大学的授课内容，出版了《普通语言学教程》一书。

索绪尔
（1857 — 1913）

结构主义

列维 - 斯特劳斯 —— 结构主义

为何有必要放眼整体？

俗话常说“见树不见林”，这是在提醒世人放眼整体的重要性，但这又是为什么呢？有个概念可以完美地回答这个问题，那就是**列维 - 斯特劳斯**的**结构主义**。

这里所说的结构，是指要素之间的关系形成的整体，简单地说，**结构主义就是放眼事物的整体结构，探究本质的思想**。

结构主义是在二十世纪六十年代，由文化人类学家列维 - 斯特劳斯所推广。列维 - 斯特劳斯的基本发想，是**不要在现象的一部分寻找原因，而是将整体视为一个结构去分析**。

放眼结构而发现事实的例证，最有名的便是“交表婚”。“交表婚”可以在被视为“未开化”的部族之中见到，是男性与母系的女性表亲结婚的风俗。

这样的风俗似乎只发生在未开化的社会，然而列维 - 斯特劳斯放眼这个系统的整体结构，发现了一个事实。也就是对男系家族的男孩而言，母系舅舅的女儿属于其他的家族集团。也就是说，只要定下制度，让相当于这种关系的男女结婚，不同的家族集团之间就能不断地交换成员，可预防部族的孤立，维持存续。

这里的重点是，如果只着重于一部分的要素变化，就会错失了恒久不变的整体结构。放眼整体，认识到整体的框架本身不变，才能捕捉到结构。

如此，**放眼整体结构一看，就能发现只看一部分现象时，仿佛未开化社会的落后风俗，然而它其实是一套先进的系统。**我们只看到事物的一部分而误解了，所以更必须放眼整体。

事实上，列维 - 斯特劳斯站在结构主义的立场，不断地批评过去偏颇的欧美中心主义。从这个意义来说，结构主义可以说是正确的观点，也是正确的思考方法论。此外，结构主义也因为这样的方法，不仅在哲学领域被广为接受，也影响了其他的研究领域。

结构主义

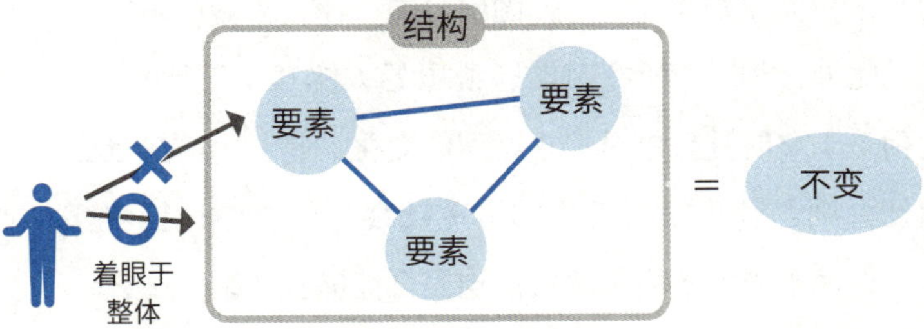

生平与思想

法国文化人类学家。通过田野调查，提倡结构主义，试图颠覆西方近代的优势。

列维 - 斯特劳斯
(1908 — 2009)

结构主义

列维 - 斯特劳斯 —— 野性的思维

文明总是比较优秀的吗？

文明总是比较优秀的吗？都市是文明的象征，但对于意外的自然灾害，都市也有它脆弱的一面。在思考这个问题时，**列维 - 斯特劳斯**的**野性的思维**可以作为参考。

首先，列维 - 斯特劳斯着眼于“原始人”的思考方法。他说，**原始人的思维并非粗野、单纯的，只是发想不同而已**。比方说，对于动植物的分类，我们会以构造、性质等内容的不同为基准，但原始人则是进行**图腾分类**，比较外观的不同。

此外，列维 - 斯特劳斯还说原始人的知识欲比较平衡。因此相对于文明社会总是追求剧烈的变化、是一个“**热社会**”，原始社会则是几乎没有变化的“**冷社会**”。反过来说，在冷社会里，即使不去追求新的变化，也完全能够长久维持下去。

而关于维持冷社会的秘诀，列维 - 斯特劳斯使用“**修补术**”这个概念来说明。修补术是**在需要的情况时，利用现有的碎片为材料，发挥创意来组成作品**。一般也译为“拼贴”。

相对于此，**近代科学的思考，是技师根据一开始就决定好的整体计划，利用单义的、功能已经被定义好的零件来组成成品**。但只要想想我们闲暇做木工的情况就可以了解，有时利用现有的材料设法迁就组合使用，即可更方便、更实用。

换言之，列维 - 斯特劳斯指出过去被视为未开化社会的幼稚发想、被逐出文明之外的**野性的思维，其实与近代科学一样，是合理的科学**，这项说明十分符合时代潮流。而且他鉴于近代科学是特定时代与文化固有的，甚至主张野性的思维才是更具普遍性的。

不过列维 - 斯特劳斯并不是说因为野性思维更具普遍性，所以必须以它取代近代科学。就像前文指出的，相对于具体而感性的野性思维，近代科学的特性是抽象与理性。两者拥有截然不同的特性。因此**感性的思考与理性的思考，并非彼此互斥，而是要统合**。

野性的思维

修补术（拼贴）
||
具体而感性

>

组成制品
||
抽象而理性

野性的思维　　**近代科学的思维**

主要著作

《野性的思维》：从社会结构阐明“原始人”的思考合理性，揭露西方文明的偏见，使结构主义大受瞩目。

列维 - 斯特劳斯
(1908 — 2009)

后结构主义

福柯 —— 知识型

学问是如何进化的？

我们的学问会随着时代而改变，因此不能永远教同一套，必须与时俱进，进行新的教育才行。那么，学问究竟是如何进化的？**福柯**的**知识型**概念可以回答这个问题。

知识型（épistémè）原本是希腊语，意指“学问方面的认识”，也就是知识。比方说，柏拉图就称理性导出来的知识为知识型，与纯为主观的意见（doxa）形成对比。

相对于此，福柯在《词与物》中，将“知识型”当成表现独特知识形态的用语。亦即**不是个别的知识，而是每个时代各种学问共通的知识基础**。至于为何需要这样的知识基础，是因为**知识必须要以一定的共通观点去看，才能作为一个完整之物统一掌握**。换言之，知识要成立，需要某种框架才行。因此时代不同，即使是相同的学问，也会呈现不同的样貌。

确实，即使学者研究同一个对象，时代不同，观点也会不同。之所以如此，是因为知识是在世界框架的影响下形成的。

福柯将知识型区分为四个时期：十六世纪文艺复兴的知识型、十七世纪和十八世纪的古典主义的知识型、十九世纪的近代人文主义的知识型和往后应该会出现的知识型。从二十一世纪的现代来看，也许第四种知识型，指的是强烈地受到网络影响的知识。

我们常常**将这些知识和学问视为普遍而连续的，但其实它们受到时代的制约，只是我们浑然不觉**。换句话说，一旦作为知识基础的知识型改变，就会随之建立起受到新的知识型规定的新学问。自觉到这个事实后，对学问的探究应该也会有帮助。

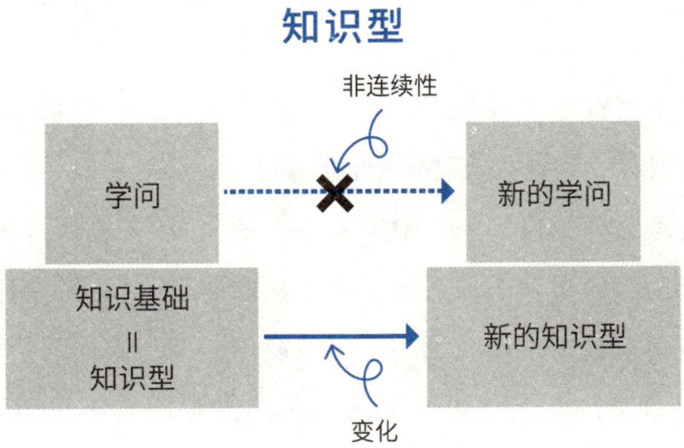

生平与思想

法国现代思想家。透过对监狱的分析，提出其一贯的权力批判。批判式地继承结构主义的后结构主义学者之一。

福柯
（1926 — 1984）

后结构主义

福柯 —— 全景监狱

我们为何会守规矩？

我们为何会守规矩？当然，受到暴力强制时，守规矩是理所当然的，但不可思议的是，即使无人监视，我们也颇为安分守己。不管是在学校还是职场都一样。**福柯**的**全景监狱**概念，可以回答这个问题。

全景监狱是一种监视的方式，是效益主义思想家边沁发明的监狱设计，也译为“环形监狱”等。

这是怎样的机构呢？中央有监视塔，周围以圆环状安排了单人牢房。这里有一项巧思，就是从监视塔可以看见牢房，但是从牢房望过来却什么都看不见。换句话说，监视塔的看守可以看见每个囚犯的一举一动，牢房的囚犯却看不见看守在做什么。

在这里，**监视者与被监视者之间的视线是不平等的。这不平等便象征了权力**，是一方完全顺从于另一方的构图。在全景监狱，这意味着**囚犯随时意识到受监视的可能性，变成自动顺从的“从属主体”**。

就这样，权力**通过囚犯自己内化了**。换言之，权力被“去个人化”，变成匿名的，更巧妙、更细致地发挥效果。福柯想说的是，通过全景监狱看到的规训权力的作用，不仅限于监狱这个制度，甚至深入了近代社会的每一个角落。

福柯说，全景监狱的原理，**扩散到学校、工厂、职场、医院、军队等我们社会中的各种制度，发挥与监狱相同的效果。**在形成、维持社会秩序上，全景监狱扮演着无法忽视的角色。就像这样，规训不光是个人的“身体”，同时也贯彻到社会整体这个“身体”，打造出一个“规训社会”。

结果福柯揭露的不光是一个新的刑罚方式，更是权力管理的对象从身体转移到精神的事实。换言之，他揭穿了一个完全异于过去、全新的权力科技的出现。

全景监狱

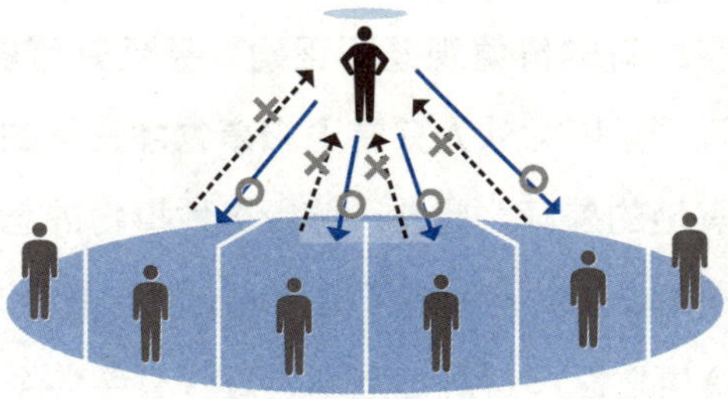

主要著作

《词与物》：主要著作，解说每一个时代的知识型结构与变迁。《规训与惩罚》：揭露权力结构如何剥夺人的主体性。

福柯
（1926 — 1984）

后结构主义

德里达 —— 解构

遇到“瓶颈”时，该如何突破？

人与社会都一定会碰到“瓶颈”，那种时候该怎么办才好？德里达的解构概念对这个问题提出了明确的解答。

解构是德里达的用语，意味着重新来过。在近代，一直以来崇尚的都是原本就被视为正确的价值观。德里达认为，这是因为我们在根本上有着将符合逻辑与易懂的事物视为最优先、视声音比文字更优先、认为肉眼看到的事物就是正确的、认为男性比女性优越、视欧洲比其他地区更优秀的态度。

但是这些**既有的价值观既不正确，甚至有可能是暴力的**。之所以这么说，是因为**认为只有逻辑事物才正确的想法，一直以来排除了其他的差异**。此外，尊崇男性事物的态度也贬抑了女性，而欧洲中心主义则造成了殖民地支配与战争。

因此，德里达意图拆解这些西方近代哲学体系中特有的态度。这就是“解构”的概念。德里达是从海德格尔的“解体”（destruction）一词获得灵感，自创了“deconstruction”（解构）一词。它意味着拆解结构物，并重新建构。这里的重点在于**并非只有拆解而已，还要重新建构**。

拆解结构物及建构，听起来很像建筑用语，而实际上这些用词也频繁地被应用在建筑领域上，被称为解构主义建筑。它的特色是形态或概念颠覆过去的建筑常识，大多是仿佛错位、遭到破坏的建筑物。因为解构就是拆解既有的事物样貌，从头建构起新的形态。

人生和社会也是如此，**如果遇到死胡同，大破大立就行了。**确实，这需要莫大的勇气，但如果唯有这么做才能顺利前进，还是值得一试。

现状的生活方式与事物的样貌，都只是一种选择。既然只是一种选择，表示还有许多其他的选项，不是吗？德里达就指引了这样的出路。

解构

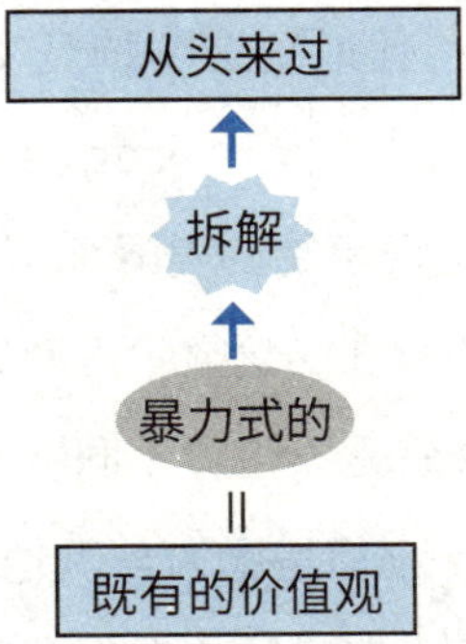

生平与思想

法国现代思想家，后结构主义的代表。借由解构概念，反思西方哲学传统。国际哲学学院第一任院长。

德里达
（1930 — 2004）

后结构主义

德里达 —— 延异

世上有唯一绝对的价值吗？

我们往往会不由自主地认为世上有唯一绝对的价值。也许是因为我们过度习惯交出唯一的答案了。学校的作业总是准备好一个正确的答案，强制我们找出，就仿佛除此之外，没有其他答案。但真的是这样的吗？这个世上有唯一绝对的价值吗？要回答这个问题，**德里达**的**延异**概念可以作为参考。

“延异”是德里达自创的词，是着眼于法语动词 différer 同时具有“差异”与“延迟”这两种意义，将之名词化而成。发音也和意味着“差异”的 différence 相同。德里达说，一切事物，都是借由与其他事物的差异而成立，这意味着差异在时间上总是先于事物的存在。这显示出延异的本质。

一言以蔽之，延异就是产生“不同”的原动力。仔细想想，**这个世上存在的事物，全都是因为与其他事物不同，才拥有意义。这么一来，形成这种不同的运动，便是事物的根源。**

其实，延异具有否定近代以前受西方哲学支配的唯一绝对价值的意图。西方哲学横亘着一种价值观，认为比起他我（他者的我），自我更正确，比起假，真才是正确的。

但是看看自我与他我也可以了解到，要确认自我的存在，就必须以过去的自己，而非现在的自己为基准，才有可能办到。也就是我们通过与过去的自己相比较，才能判断现在的自己是什么模样。这里必须注意的是，过去的自己，对现在的自己来说就是他者。因此这等于是自我依赖他我而存在。

自我看似处于优势，但其实自我是因为有了他我才能存在。真假、善恶等也是如此。因为有假，才能定义真；因为有恶，才能定义善。像这样理解，就无法以过去被认为正确的价值观统一一切了。因此，**这个世上并没有唯一绝对的价值**。可以说，**由于延异的概念，西方哲学的大前提完全崩解了**。

延异

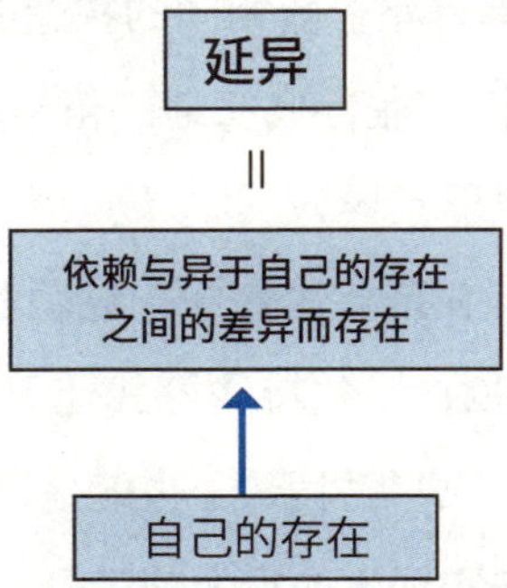

主要著作

《论文字学》：批判卢梭认为语言的起源是声音的论点，以延异提示书写的多义性。

德里达
（1930 — 2004）

后结构主义

德勒兹 —— 机器

什么是机器？

听到机器，大部分人都会联想到汽车或机器人这类装置，但机器还具有更深刻的含义。**德勒兹**的**机器**概念告诉了我们这一点。

一般机器可以定义为通过动力，为了特定的目的而活动的机关。这种意义的机器在哲学中的探讨，叫作**机械论**。**机械论是将自然现象视为具有和机器相同的构造的事物去理解**，知名的有笛卡尔的机械论。在近代初期，笛卡尔对解剖发生兴趣，认为人类的身体和机器无异。

不同于笛卡尔，在现代思想中，德勒兹与法国精神科医师**瓜塔利**（1930—1992）以独特的方式使用了“机器”这个词，比方说“欲望机器”“战争机器”。也就是说，这种情况的机器，指的是**依人的意志去实现人的行为的工具**。不过它的特征在于，和人相比，更把重点放在工具的意义上。也就是机器成了运动体，任意实现人的意志。

以欲望机器为例，并非先有欲望，然后才有实现它的机器。相反地，**欲望通过机器才能实现**。因此人不断地被掌握了主导权的机器改变了。

所以这里所说的机器，指的完全是一种生命的机制，没有一丝由零件组成的一般机器的样貌。因为它会自行不断地变化。换句话说，**所谓的欲望机器，就是生出自我的自我产生机制**。

怎么样？听起来像不像是人被自己制造出来的机器给吞噬了？德勒兹应该也是想要指出具有那种神秘力量的存在，而非个别的机器问题。实际上**活在世上，我们受到超越人类意志的各种力量驱动。这样的发想，与近代以前认为人的意志是万能的思想大相径庭**。德勒兹的思想之所以被视为现代思想的最先端，也是这个缘故。

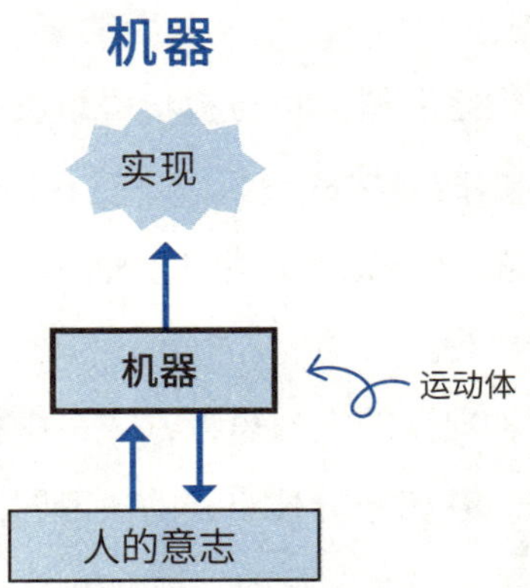

生平与思想

法国现代思想家。被归类为后结构主义。与精神分析家瓜塔利留下了许多合著的书籍。

德勒兹
（1925 — 1995）

后结构主义

德勒兹 —— 根茎

什么是柔软思考？

我们被训练得习惯于逻辑思考，因此会忍不住就像走在单行道上一样，僵硬地去思考事物。虽然这也很重要，但是难道就没有其他的思考方法吗？比方说，常有人说“要柔软思考”，但什么叫作柔软思考呢？这时可以参考**德勒兹**与**瓜塔利**所提倡的**根茎**概念。

其实“根茎”概念可与**树状**概念放在一起对比使用。树状顾名思义，指的是树的形状，不过这里指的是树形图的发想。相对地，根茎指的是地下茎的一种，块茎的意思，指的是没有中心的网状事物。

这是两种典型的人的思考方式。**树状是过去支配西方社会的思考方法**。从树干分枝出去的树形图，也可以说是一种思考方法，最典型的就是常见的生物分类图。

树状图具体的思考方法，是立下扎实的基本原则，彻底以它为基准，思考各种形态与例外。这是传统的思考方法，为一般人所熟悉。进行分类的时候，多半都会采用这种树状的思考方法。

而根茎思考方式，别说中心了，甚至可以说是一种既无起点、也无终点的网状思考方式。它的特征是**构成整体的各部分是自由的，可以跨越式地相互连接**，由此生出杂交的状态。

此外，根茎也具有每当新的部分连接或切断，性质就会改变的多样态。也就是**会随着连接而不断地变化**。这意味着连接新的事物，便会改变整体的性质。具体来说，就像是大脑的突触，还有社群网站互联的模式。

反省树状这种从中心延伸而出的思考方式，采用柔软地朝多方向扩张的根茎发想，可以说完全是现代思想的思考模式特征。唯有这种根茎思考，才能打破理性思考的僵固，实现柔软的思考。

根茎

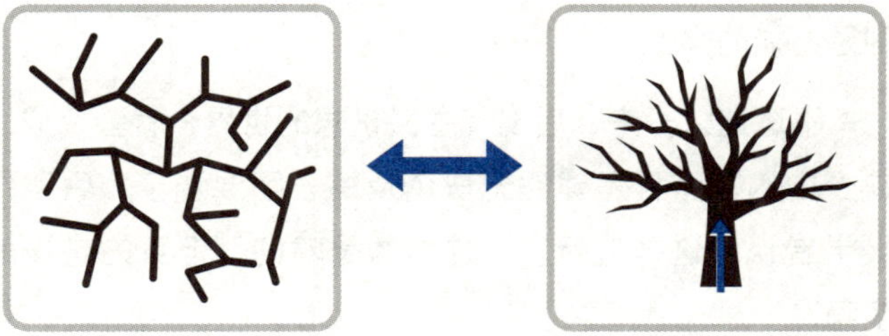

根茎
（没有中心的网络）

树状
（树状图）

主要著作

《反伊底帕斯》：将欲望视为机器。《千高台》：提倡根茎模型。两本都是与瓜塔利共著。

德勒兹
（1925 — 1995）

专栏五

后现代以后的哲学是什么？

第五章介绍了所谓现代思想的哲学家。下一章要介绍的，主要也是隶属于政治哲学领域、在时代上被划分为现代思想的学者。不过现代思想究竟意味着什么呢？

单纯地来看，是指近代以后的思想吧。近代的英文是 modern，所以近代以后就叫作 postmodern——后现代。所以现代思想，也算是广义的后现代主义思想。

从内容来看，相对于近代是以“我”的意识和理性为中心的思想，现代则出现越来越多批判性的内容，也就是提出以下的质疑：将“我”的意识视为中心真的正确吗？理性真的是万能的吗？

不过这么一来，后现代主义设想的世界，就会变成一个缺少中心，而且是理性无法企及的一团混沌了。后现代主义学者认为这样就行了、这样才是对的，但真的这样就好了吗？

往后一步，已经逐渐开展的后现代主义之后的哲学，将设法解决这些问题吧。后现代主义之后的哲学，要面对的课题是如何再一次重整一团混沌的世界形象。

全球化使得世界正逐渐合而为一。也许人们正在追求的，是适合这融为一体的世界的新哲学。

Chapter

6

打造正义的社会

政治哲学与公共哲学

• 167 —— 212 •

政治哲学

边沁 —— 效益主义

对社会而言的幸福是什么？

对社会而言的幸福是什么？要思考这个问题，**边沁**的**效益主义**可以作为参考。

边沁主张，为了打造幸福的社会，需要“**功利性的原理**”。他如此阐述这个原理：“一直以来，自然将人类置于痛苦与快乐这两名主权者之下。指挥我们非做什么不可、决定我们可能会做什么的，就仅有快乐与痛苦。”也就是要我们以快乐和痛苦作为行动的基准。这种情况，快乐就是善，痛苦就是恶。边沁主张**只要计算快乐的量，让快乐多于痛苦就行了**。

不过这时我们会发现一个问题：人的快乐与痛苦，不是只属于个人的吗？然而边沁说，这个原理也能适用于社会。理由是社会的幸福，便是每个人的幸福总和。

这时边沁提出他最有名的口号：**最大多数人的最大幸福**。为了追求社会利益的最大化，**比起顾全少数人的幸福，增加多数人的幸福更为理想**。此外，即使同样是多数人的幸福，比起小幸福，最好能增加大幸福。

边沁根据这样的原理，提倡了许多制度改革。其中知名的便是“**全景监狱**”的监狱设计（参考 157 页）。这是中央设有监视塔的圆形监狱，由于从牢房看不见看守的监视塔内部，因此囚犯会随时处在可能受到监视的压力中，故可效率十足地从中央进行监视。边沁提议可以借此让受刑人认真工作，谋取利益。受刑人也许会感到痛苦，但如果可以因此让社会得到更多的利益，从社会整体来看，幸福确实是增加了。

边沁也提出了管理贫民的制度，这是个十分耐人寻味的提议。他认为只要把乞丐关进救济院里，城里人的快乐度就能增加。这对乞丐来说也许是一种痛苦，但边沁认为如果拿多数民众的快乐与少数乞丐的痛苦相衡量，应该优先重视多数人的快乐，是自明之理。

效益主义

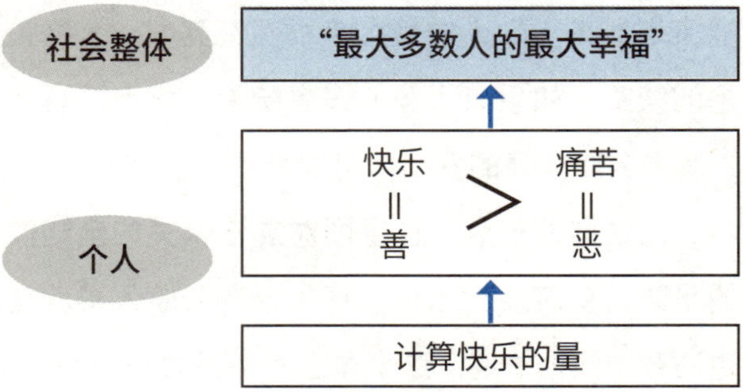

生平与思想

英国思想家。主张计算快乐的量，来做出正确的判断。留下“最大多数人的最大幸福”这句名言，为效益主义的始祖。

边沁
（1748 — 1832）

政治哲学

边沁 —— 舆论法庭

何谓舆论？

俗话说，人民的声音就是上帝的声音，真的是如此吗？现代也经常进行民意调查，政府有时也会依据调查结果来改变施政方针。从这个意义来说，也许人民的声音确实被视为上帝的声音。拥有如此强大力量的舆论究竟是什么？思考这个问题时，**边沁**的**舆论法庭**概念可以作为参考。

边沁是站在效益主义的立场，思考最有效率的政治制度。怎样才能实现最大多数人的最大幸福呢？其中一个结论，便是没有多余的统治。如果有太多的多余统治，就无法有效率地治理国家。其中公职人员的贪腐，可说是造成浪费的最大原因。

边沁站在这样的观点，也意图**对立法机关的全能性做出限制**，目的是防止贪腐。比如说，每年改选公职人员就是一种手段。而边沁对“舆论法庭”这个概念寄予最大的期待。

所谓舆论法庭，并不是指制度化的机关，而是意味着现实社会中人民自由表达的意见、舆论本身。不过这些舆论宛如制度般发挥功能，也是事实。厉害的支配者会指导舆论，聪明的支配者则会顺从舆论。相反，愚昧的支配者则会无视舆论。如此一来，愚昧者必然会受到民众的社会制裁。

边沁强调国家机关的会议记录及其公开性的重要，但前提仍是舆论法庭能确实发挥功能。这是为了让民众能依据公开的信息做出判断。因此，**所谓舆论，便是使国家能正确经营的非制度化政治机制**。

边沁认定的舆论法庭成员范围耐人寻味。不只是具备选举权的人，还包括了不具备选举权的未成年人和女性。更令人惊讶的是，边沁提出即使是外国人，只要具有利害关系，也能成为舆论法庭的成员。这**比现代社会的舆论概念还要广泛**，从某种意义来说，也许比现代更先进。

舆论法庭

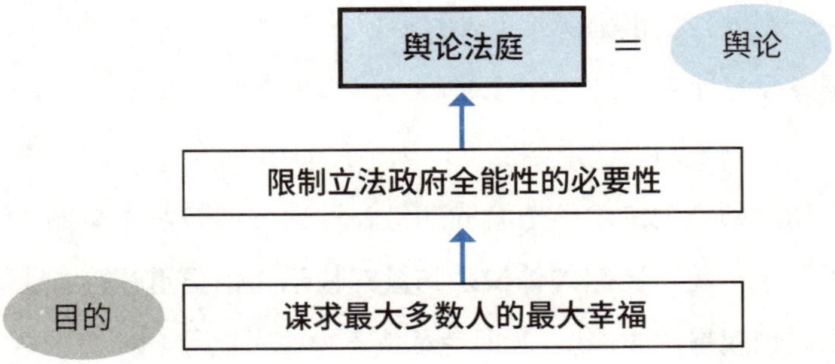

主要著作

《道德与立法原理导论》：边沁的主要著作，阐述依循功利原理，有效提升社会整体幸福的统治方法。

边沁
(1748 — 1832)

政治哲学

穆勒 —— 质的效益主义

快乐都是一样的吗？

不管是吃大众美食还是高级法国料理，都可以得到快乐。可是，我们能说这两种快乐是一样的吗？快乐有不同的种类吗？思考这个问题时，**穆勒**的**质的效益主义**可以作为参考。

边沁创立效益主义，他的理论基础是彻底以科学方式来设计社会，但也因此招来许多批评。他曾说："诗带来的快乐，跟小孩子的弹珠游戏一样。"就像这句话象征的，边沁借由将所有的快乐一视同仁，以确保所有人的平等。

不过反过来看，这也等于是剥夺了人的个性。因此边沁的想法，被揶揄是高贵快乐与低下快乐不分的猪的学说。

穆勒批判性地继承了边沁的理论。穆勒赞同效益主义的主张，但异于边沁，**比起肉体快乐的量的快乐，他更重视精神上的快乐，也就是质的快乐**。"即使承认一种快乐比另一种快乐更理想、更有价值这个事实，与效益的原理也毫不冲突。"穆勒如是说。

根据这个想法，便可以照顾到人的个性，并发挥效益主义的好处。也就是效益主义再也不是猪的学说了。证据就是，穆勒高唱："与其当一只满足的猪，倒不如当一个不满足的人；与其当一个满足的傻子，倒不如当一个不满足的苏格拉底。”

穆勒尊重人的个性，强调动物与人之间的快乐差异，这可以说是受到他父亲极严格的精英教育的影响。这样的个人背景，让穆勒在继承边沁的效益主义同时，也能够批判性地去克服其中的问题。

不过，重视快乐的质，并考虑到人的个性，与效益主义科学式的思想真的不抵触吗？也有人指出**这会造成效益主义排斥的道德观不可避免地侵入的后果。**

质的效益主义

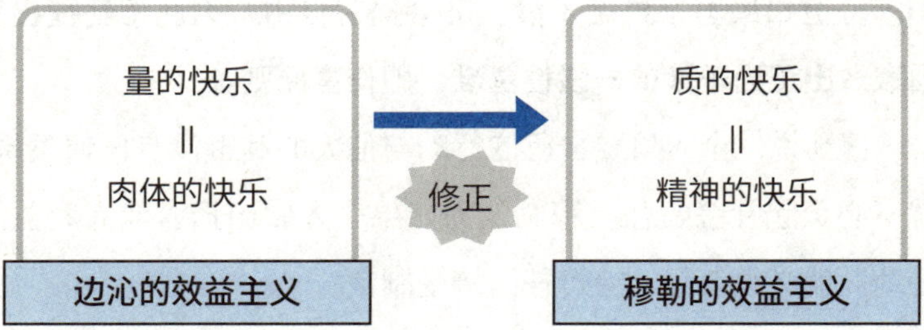

生平与思想

英国哲学家、经济学家。主张效益主义应该重视幸福的质而非量。在自由论方面也十分有名。

J. S. 穆勒
（1806 — 1873）

政治哲学

穆勒 —— 伤害原则

何谓自由？

何谓自由？这是从古至今谈论最多的问题吧。它是最为普遍的重大问题之一，因此在哲学史上，许多学者提出了形形色色的答案。其中以身为古典自由主义之祖而闻名的**穆勒**提出的**伤害原则**概念，揭示了在现代也具备说服力的答案。因此这里要参考穆勒的论述。

穆勒主张，要实现社会整体的幸福，国家不可能全然不加干涉。但如果国家过度干涉，又会损害自由。因此穆勒**提出了国家做出正当干涉的一般性基准**，即伤害原则。

穆勒说，个人只要自己的行动与他人的利害没有任何关系，就不必负起社会责任。穆勒认为如果个人做出损害他人利益的行动，就必须负起社会责任，接受制裁。

简单地说，**只要不给别人添麻烦，做什么都是个人的自由**。因此才叫作伤害原则，不过反过来说，也可以叫作自由原则。

穆勒提出，人应该能自由地生活。也就是个人的自发性值得尊重，应该要让人发挥个性与创造性。他将人比喻为一棵树，认为人与机器不同，是会自己成长、发展的存在。

追根究底，穆勒视为理想的社会，即是每个人都能高唱自由并发挥个性的社会、国家。因此他担心意在摧毁个性的庸俗习惯及其所造成的专制，会破坏自由的精神。

因为否定平凡，穆勒的思想有时被批评为精英主义，但穆勒绝对不是拥戴天才，他的目的完全是**让人发挥个性与自由。大前提便是国家的干预必须减少到最小，这就是伤害原则**。

此外，为了让国家中的每个人都能享受到自由，每个成员都必须尊重彼此的自由。从这样的观点来看，**伤害原则或许也可以视为共同体中共存的原则**。

伤害原则

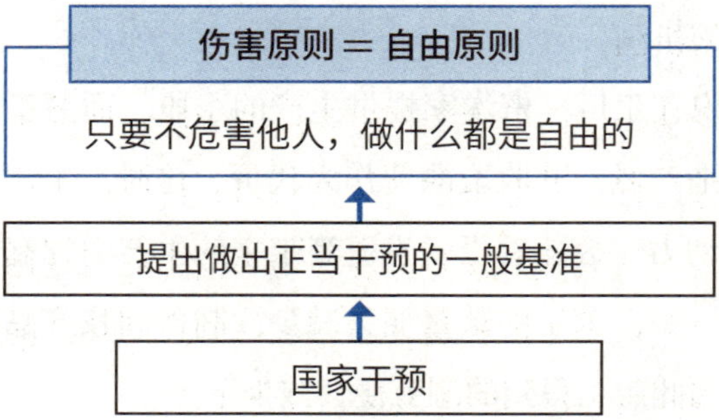

主要著作

《效益主义论》：穆勒的主要著作，把焦点放在快乐的质而非量上，试图克服边沁效益主义的缺点。

J. S. 穆勒
（1806 — 1873）

政治哲学

马克思 —— 社会主义

怎样才能打造出平等的社会？

怎么样才能打造出平等的社会？对于这个深奥的问题，马克思是史上第一个提出逻辑解释并写下《资本论》这部巨作的人。

首先，马克思认为**商品的价值是由人投入的劳动量所决定的**。这叫作"**劳动价值理论**"。马克思以这个理论为前提，论述资本主义的机制。

比方说在工厂，资本家提供生产的手段，而劳工利用这个手段来制造产品，并收取酬劳作为代价。这时，生产相同分量需要的劳动力，会随着设备投资等带来的生产力提高而逐步减少。如此一来，劳工的数量便会减少，制作同量产品的时间也会缩短，因此劳工得到的酬劳便会减少了。

在这种情况下，**资本家将多余的生产量当成了自己的利益**。这多余的生产量的利益叫作"**剩余价值**"。从这个意义来说，**劳工形同是多做了工**。也就是劳动力被"**剥削**"了。

因此，劳动行为从主体性的行为，变成了被强制的行为，越来越令人憎恨。这种状态，叫作与劳动的"**异化**"。所谓异化，就是疏离。

劳工虽然收取工资，但生产的产品变成了资本家的所有物，因此首先劳工会从产品被疏离。接下来劳动行为本身也只是在资本家的命令下进行分工，因此甚至也从劳动行为中被疏离了。

此外，劳工还被迫与其他劳工竞争，借由在竞争中脱颖而出，来赢取更高的工资。**这形同一个人的能力与他本身并不相关，而是以货币价值来决定，因此甚至从人性中被疏离了**。

要摆脱这种状况，只能克服这样的异化状态，打造新的社会。因此马克思主张**必须发起革命，首先由劳工共同拥有生产手段**，然后导入共同分享生产物的经济系统。

社会主义

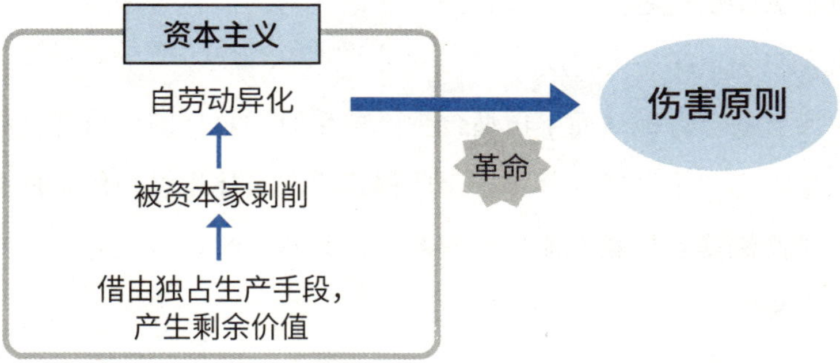

生平与思想

德国哲学家、经济学家。与好友恩格斯一同建立马克思主义学说，以摆脱人性的异化为目标。

马克思
(1818 — 1883)

政治哲学

马克思——历史唯物主义

历史是如何发展的？

历史究竟是怎么发展的？**马克思**的**历史唯物主义**回答了这个问题。这可以说是马克思独特的历史观。

马克思在《政治经济学批判》中认为，人的思想和法律、政治制度这些“上层建筑”，是由生产手段与生产活动这些“经济基础”决定的。换言之，**经济活动是地基，由它来决定一切的社会制度内容**。这与过去的哲学家认为经济模式是由思想和观念来决定的完全相反。

当生产力提高而不再适合生产关系时，这样的矛盾便会成为原动力，推动历史朝下一个阶段迈进。具体地说，便是**从原始共产制度到奴隶制度、封建制度、资本主义、社会主义、共产主义**。

因此充满矛盾的资本主义一定会被革命推翻，转变成适合新生产力的社会。换句话说，接下来将会到来的社会，是**配合能力劳动、配合劳动分配的社会主义**，而下一个阶段，则是**配合能力劳动、配合需要接受分配的共产主义**。这是马克思的主张。

马克思描绘的理想，于二十世纪以苏联为中心展开，差点就在全世界实现。然而当时**建立起来的东欧各社会主义国家，却陆续疲乏腐化，最后分崩离析了**。

也许实际的历史并未如马克思所说的发展，但看看现今贫富悬殊的社会，也令人觉得应该考虑采纳社会主义和共产主义的智慧。因为被称为金融资本主义和贪婪资本主义、贪得无厌的竞争社会，会轻易地让人沦为社会的齿轮。马克思的思想会超越时代广受阅读，应该就是因为我们本身虽然活在资本主义社会，却总是在抵抗着其中的矛盾。

历史唯物主义

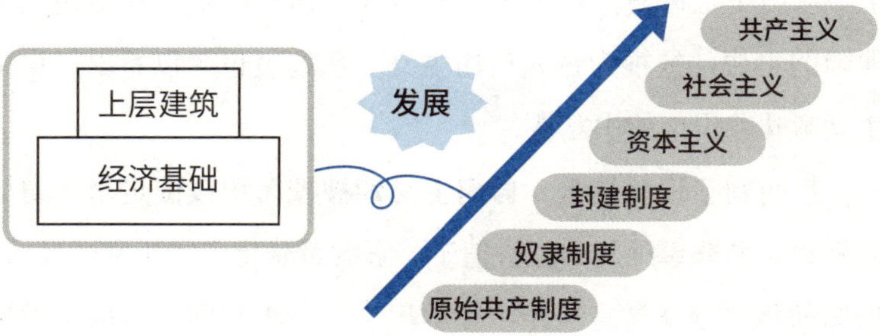

主要著作

《资本论》：马克思的主要著作，分析资本主义经济的剥削与矛盾的结构，预言社会制度将不可避免地进化到社会主义、共产主义社会。

马克思
(1818 — 1883)

政治哲学

罗尔斯 —— 自由主义

自由与平等能够两全吗？

自由与平等被视为两个对立的概念。那么，两者究竟能否两全呢？这时可以参考**罗尔斯**的**自由主义**概念。

“自由主义”原本是政治哲学的基本用语，指的是尊重个人自由的思想。不过，尊重自由的思想也有许多种类，从主张极端个人主义的自由意志主义，到提出福利国家的立场都有。

从历史上来看，**穆勒**主张的只要不伤害他人，自由便获得保障的思想，被视为古典自由主义。从这里也可以看出，自由主义意味着价值的中立性。

然而**到了现代社会，自由主义却被视为积极促进个人自由的思想，而非单纯的中立价值了**，它的背景是资本主义的发达。该如何将民众从贫富差距中拯救出来，在思想面上也成了课题之一。

现代自由主义旗手约翰·罗尔斯的《正义论》，便是其中代表性的理论，可称为福利国家型自由主义，或是平等主义式的自由主义。《正义论》是在一九七一年出版的，在一股偏重实用学问的风潮中，这本书被视为政治哲学的复兴之作，现在仍受到极高的评价。**《正义论》中探讨的便是该怎么做，才能让这里**

所说的正义做到公平分配。

而罗尔斯的解答，即以自由为基础，但通过平等来修正。也就是**保障政治上的自由，同时以经济上的平等为目标。**

说罗尔斯通过这本书，立下现代政治哲学各种议论的基础也不为过。他说自己基本的立场，是“正义之于善的优先性”。换句话说，**现代社会由于价值多元化，再也无法根据单一的善来构成正义了**，因此毋宁**要以程序的正义为优先。**

不过罗尔斯的立场也遭到社群主义者的批判，后者认为如果摒除针对善的议论，就无法确立何谓正义了。

自由主义

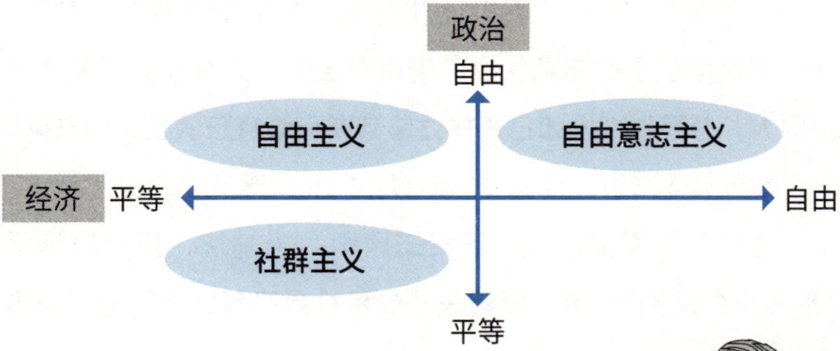

生平与思想

美国政治哲学家。现代自由主义的旗手。批判效益主义，构思出作为民主主义社会基本原理的伦理学。

罗尔斯
（1921 — 2002）

政治哲学

罗尔斯 —— 无知之幕

怎样才能做到公平分配？

人都是自私的。即使要公平分配，还是会忍不住想让自己多分到一些，因此社会永远无法摆脱不公平。究竟怎样才能做到公平分配呢？这时可以参考**罗尔斯**的**无知之幕**概念。

所谓无知之幕，就是一罩上去，所有资讯便完全被遮蔽的思考实验。透过无知之幕，可以打造出每个人都同样处于合理的相同状况的情境。

这种状态，叫作“**原初状态**”。在原初状态下得到的共识，便形同保证公正的初期状态。**借由罩上无知之幕而处于原初状态的人，总算能视人如己，建立起判断何谓真正的正义的基础。**

那么具体来说，要怎样判断真正的正义呢？

这时罗尔斯提出以“**正义二原则**”为基准。**第一原则是“平等自由原则”，第二原则是“公平机会平等原则”与“差异原则”**。

首先第一原则认为，各人应该平等地分配到自由。不过这里所说的自由，仅限于言论自由、思想自由、身体自由这些基本自由。

接着，根据第二原则“公平机会平等原则”，对于社会、经济上的不平等，唯有在得到某个地位或职业的机会受到均等保障的情况下才能受到容忍。即使如此仍然存在的不平等，则由第二原则中的“差异原则”来做调整。

差异原则要怎么进行调整？罗尔斯认为，唯有在境遇最糟的人获得最大利益的情况下，不平等才能被容许。也就是说，罗尔斯认为**拥有才能的人，只是偶然被赋予这样的才能罢了，因此应该将自己的利益分配给境遇不佳的人**。公平的分配，唯有通过这样的程序才可能达成。

无知之幕

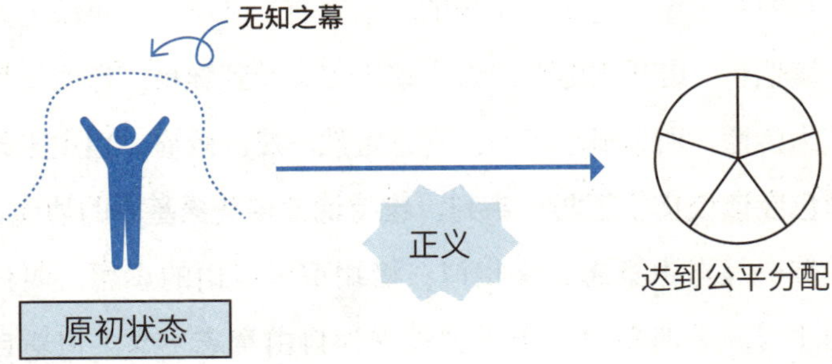

主要著作

《正义论》：再次将焦点放在社会契约论上，提出“正义二原则”，提倡基本自由、机会和经济的平等。

罗尔斯
（1921 — 2002）

政治哲学

诺齐克 —— 自由意志主义

追求极致的自由，会发生什么事？

自由是重要的价值，但是如果极端地追求自由，会发生什么事？诺齐克的自由意志主义回答了这个问题。

自由意志主义也译为自由至上主义，是政治哲学术语。主张自由意志主义的人，叫作自由意志主义者。

一般来说，它指的是**最大限度地尊重个人自由与喜好的极端个人主义立场**，内容广泛，立场也形形色色。从完全废除国家的立场，到容忍国家一定程度干预的立场都有。其中二十世纪七十年代，罗伯特·诺齐克提出的最小政府主义受到瞩目，造成这种思想广为传播。所谓最小政府，就是虽然不废除政府，但主张**政府的角色应该仅止于国防、审判、维持治安这些最基本的功能**。

有个与自由意志主义相似、极端重视自由的思想，叫作新自由主义。有时新自由主义会被视为自由意志主义，但新自由主义在某些情况下指的是固守保守价值观的新保守主义，因此不能说两者的内容总是相同的。

这里也说明一下同是重视个人自由的自由主义与自由意志主义有何不同。

自由主义自罗尔斯的《正义论》以来，就被视为福利国家论。简言之，自由主义积极认同国家通过财富的重新分配和法律规范来干预人民。但自由意志主义否定这类形式的国家干预。福利政策需要许多税金，而自由意志主义者认为征税是政府剽窃人民的财富。

自由意志主义者不信任政府。相对地，他们对市场寄予绝大的信赖。他们将市场视为以自发性交换为本质的道德制度。自由意志主义思想在崇尚个人主义的美国会大受欢迎，也是可以理解的。

结果，极端追求自由，就会投入自由意志主义，导致抛弃保险、年金等福利及各种行政服务，并形成没有政府代劳、一切都得靠自己的社会。

自由意志主义

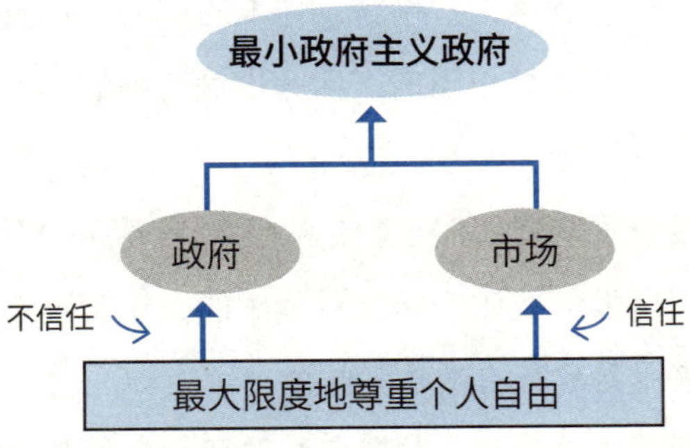

生平与思想

美国哲学家。自由意志主义的代表性论述者。认为最大限度尊重个人自由才是正义，提倡最小政府主义。

诺齐克
（1938 — 2002）

政治哲学

诺齐克 —— 最小政府

政府的功能与权限的正当范围在哪里？

其实，自由意志主义也有许多种，依能够容许的政府规模而异。主张完全废除政府的叫作**无政府资本主义**。主张保有治安、防卫、司法等最起码的政府功能，甚至认同货币与公共财富的供给的，叫**古典自由主义**。

而**认为政府功能应该控制在最起码的治安、防卫、司法等范围的中间立场称为“最小政府主义”**。诺齐克认为，功能仅限于保护人民免于受到暴力、偷窃、诈欺的威胁，以及维护契约执行等的最小政府才是正当的，而超出这范围的政府，都侵犯了不愿被强制进行特定行为的人民权利。

那么，最小政府要如何得到正当性？诺齐克以无政府状态为起点，预设了发展成政府状态过程中的一切困难，通过克服这些困难，**来得到政府的道德正当性**。

这个过程具体来说，总共有**六个阶段：自然状态、相互保护协会、商业保护协会、支配保护协会、超最小政府、最小政府**。不过这里说的自然状态，其实也是从个人的权利受到道德自然法所保障的状态开始。

自然状态的下一个阶段是相互保护协会。在必须靠个人自力救济实现权利的状态下，个人权利受到侵犯时，难以确实得到解决，而要依据什么准则解决纷争，见解也不一定，有时也缺乏必要的武力。因此人们会组成互助组织保障权利与救济。

为了追求更进一步的落实与效率，人们会开始分工，并与为人实现权利的专门机构签约，购买服务。就这样，出现多个商业保护协会并存的状态。

不过只要能通过私人武力达到自力救济，还是会出现差错。这时保护协会会对差错执行惩罚。这实质上相当于一个强制性的保护协会独占了武力执行权。到了最后阶段，保护协会也借由对无政府主义者提供与其他客户相同的服务，**达成在一定领域内的治安、防卫、司法独占，最小政府于是诞生。**

最小政府

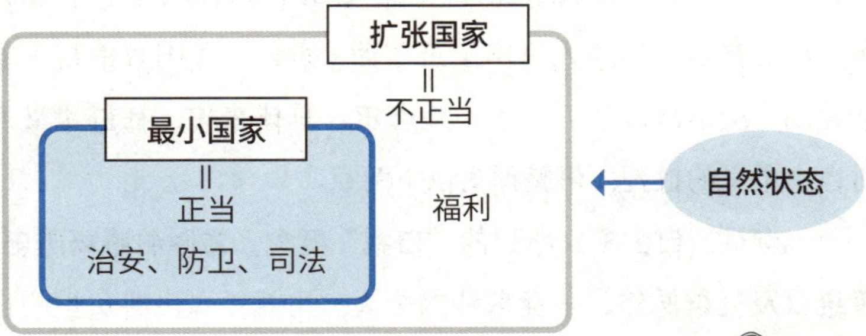

主要著作

《无政府、国家与乌托邦》：批判无政府主义与福利国家，论证处于中间的最小政府的道德正当性。

诺齐克
(1938 — 2002)

政治哲学

桑德尔 —— 社群主义

对社群而言，重要的是什么？

对个人来说重要的事物，可说是不胜枚举，比如自由、爱情等。那么对社群来说，重要的事物又是什么？这时可以参考**社群主义**这种思想。

社群主义也译为共同体主义，是政治哲学术语，主张社群主义的人则称为社群主义者。在二十世纪八十年代的美国，社群主义者批判过去兴盛的自由主义，掀起了“**自由主义、社群主义论争**”。引导这场议论的，是在美国活跃的哲学家阿拉斯代尔·麦金泰尔、加拿大哲学家查尔斯·泰勒、美国政治哲学家迈克尔·沃尔泽以及**迈克尔·桑德尔**。具体来说，社群主义者对自由主义的批判，可整理为以下两点。

一点是，**自由主义所说的“自我”概念，意味着脱离历史、传统以及社群脉络、一盘散沙的个人**，也就是以没有负担的自己为前提。另一点则是**自由主义以程序正义为优先，放弃了关于道德与良善的讨论**。

反过来说，社群主义是以有定位的自我和社群之间的相互关系为基础，来探讨道德与良善。

不过，它的内容依每一位论述者不同而多少有所不同。比方说，桑德尔认为我们与所属的社群关系密切，因此我们对社群有所依恋，并且重视社群成员一同建立的共同善。换言之，社群主义可以说是**把价值放在社群的共同善的立场**。

需要注意的是，社群主义虽然把价值放在社群的共同善，但绝对没有因此牺牲个人的自由。在这个意义上，它与全体主义（即极权主义）是不同的。换言之，社群主义与自由主义绝非无法兼容，只是更重视社群的共同善或个人自由的程度问题。事实上，应该支持哪一边的二选一争论，可以说已经落幕了。

社群主义

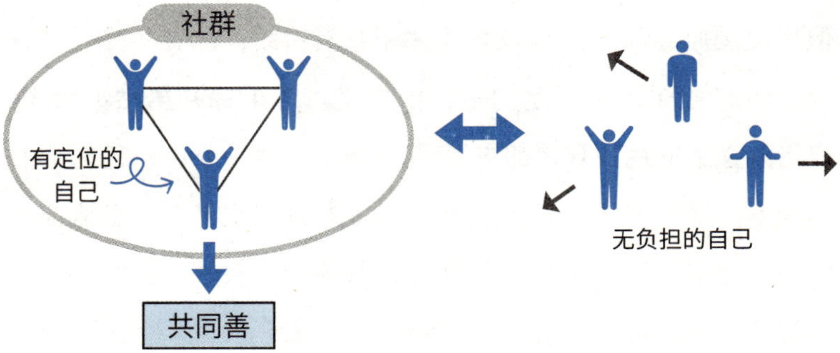

生平与思想

美国政治哲学家。站在社群主义的立场，提出探讨道德的必要性。在日本因播出 NHK[①] 节目《哈佛白热教室》而一跃闻名。

桑德尔
（1953 — ）

① 日本放送协会，它是日本第一家覆盖全国的广播电台及电视台。

政治哲学

桑德尔 —— 共和主义

什么才是理想的统治？

我们居住在主权国家，因此应该是自己统治着自己，但是统治的方式也有好坏。这不单是以结果来论福利是否充足的问题，**更重要的是每个人能否参与统治**。在思考何谓理想的统治时，桑德尔的共和主义概念可以作为参考。

桑德尔站在社群主义的立场，意图让共和主义在现代复兴。他说美国原本具有建国以来的共和主义传统，却在不知不觉间衰退了。取而代之兴起的是自由主义。结果**福利虽然扩大了，自治意义上的民主政治却失灵了**。

不过另一方面，外界也批判传统的共和主义有过分强制的问题，也就是为了实现全员共有的共同善，会强制人们遵循某些规范。

不过共和主义有两个传统，对于卢梭提倡的法国式共和主义，确实具有上述强制的倾向。因为卢梭的共和主义会排除中间集团，意图达到主权的统一。

但共和主义还有另一个流派，那就是托克维尔提出的美国式共和主义。那是一种**多元的、民主主义式的共和主义**，克服了强制性的缺失。这正是理想的统治方式。

桑德尔说，为了实现民主主义式的共和主义，必须重视社群的政治参与。他着眼于以社群为基础的草根组织，因为自治与社群的活动，可以促进他所说的公共生活，复兴公共哲学。桑德尔期待美国的民主党能成为实现这个理想的领导者，但也指出民主党过度执着于政治中立性，而忽略了真正的道德讨论。

桑德尔更进一步认为这样的共和主义，也有助于对抗全球化经济。因为**个别的社群活化，能够实现全球化经济下的自治**。最近他积极地提出有关市场道德的言论，就是这个缘故。

共和主义

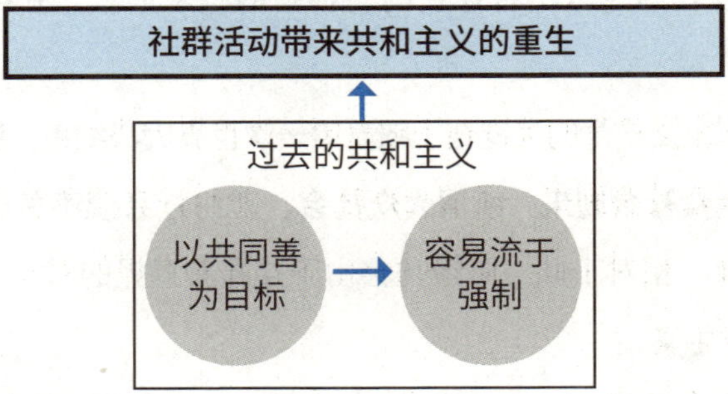

主要著作

《自由主义与正义的局限》：聚焦于自由主义忽略的个人背景与社群，提倡共和主义。

桑德尔
（1953 — ）

公共哲学

汉娜・阿伦特——极权主义的起源

为什么会出现独裁者?

世上应该没有人喜欢独裁者吧？然而不知为何就是会有独裁者出现，而且还是在人民的热烈拥戴下登场。当然，独裁者最后都会受到唾弃，但总是为时已晚。为何会出现独裁者？这时可以参考阿伦特在《极权主义的起源》中对极权主义的分析。

阿伦特将**纳粹主义、斯大林主义这两种历史现象称为极权主义**，视之为过去不曾存在的一种新的国家形式，并揭露它们的本质。

极权主义产生的关键在于随着第一次世界大战结束，**阶级社会瓦解，大众社会到来。所谓大众社会，即对社会漠不关心的个人的集合体**。相对于此，阶级社会由于存在着意见的对立，因而维持着民主主义。

在大众社会中，个人如同一盘散沙，互不相关，因此处在一种孤独之中。这时共同的幻想乘虚而入，人们便像依附上去似的被吸引了。

不过，共同的幻想并没有实质内涵，因此极权者利用秘密警察、恐惧来束缚民众，不让他们清醒过来。极权者通过这种手段，使得社会总是处在不安之中，好让民众团结一致。因此提出异议的人会遭到肃清。大众社会，也可说是一个完美的告密社会。阿伦特找出这些特征并得到结论：极权主义是过去从来不曾存在的一种新的国家形式。

追根究底，就是**因为民众不愿思考，把一切交给别人，才会生出极权主义，让独裁者登场**。这么一想，现代日本有许多有识之士疾呼思考停滞、大众社会化日趋严重，或许很快就有独裁者登场了。不，也许在我们没有注意的地方，已经悄悄开始了……

当然，我们也有抵抗的手段。阿伦特经常提到复数性，也就是**有复数的意见是很重要的**。确实，要抵抗意图统一言论的极权主义，最好的方法就是每个人都明确地拥有自己的意见。

极权主义

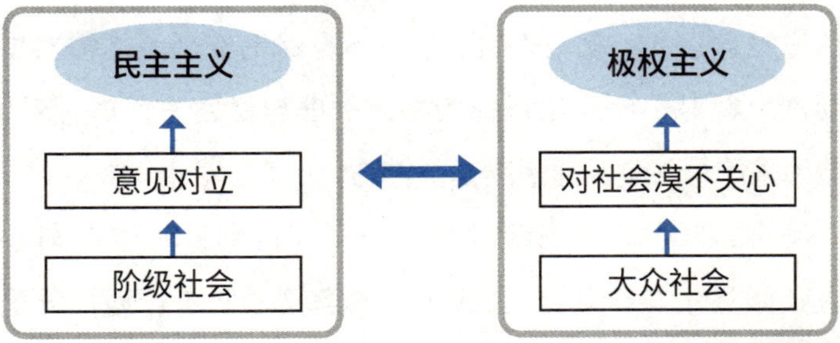

生平与思想

生于德国的女性现代思想家。受纳粹迫害，亡命到美国。尝试分析极权主义，也是现代公共哲学的先驱。

阿伦特
(1906 — 1975)

公共哲学

汉娜·阿伦特 —— 行动

怎样才算活得像人？

很多人应该都过着整日为工作奔忙，假日只能累得补觉的生活。这种时候，人会痛感到自己过着简直不是人的生活。那么反过来说，怎样才算活得像人呢？

思考这个问题时，**阿伦特**写的《人的境况》可以作为参考。阿伦特在这本书中，强调**工作**（work）与**劳动**（labor）不同，**工作与制造有关**。

也就是说，劳动指的是应付人类肉体需求的生物活动，也可以说是自然性，就是煮饭、洗衣这些制造存活基本需求事物的活动。相对于此，**工作指的是人类非自然性方面的活动力**，制造出来的是工具、建筑物这类产物。

阿伦特的论述之所以独特，在于除了区别劳动与工作以外，并且还阐述了“**行动**”（action）的意义。**所谓行动，便是通过言论进行的草根政治活动**。即使没有这么夸张，只要想想小区参与就行了。小区参与的话，应该跟每个人多少都有关系。

阿伦特说，人是政治的动物，是在社群中讨论、做决定，并相互扶持的存在。对这样的人来说，行动是不可或缺的。行动与狭义的工作不同，但无疑仍是人必要的营生。因此无论有偿无偿，都应该归类为工作的一种。说到底，**不只是劳动与工作，有行动的生活，才算是活得像人**。

若非如此，人就只是一具机器了，会变得毫不思考，只知道执行被交付的工作。更严重的是，如果每天都这样过，就连自己正在做的事，也不太会去思考有什么意义了。阿伦特称此为**无思想**。她在描写纳粹官员受审过程的著作《平凡的邪恶：艾希曼耶路撒冷大审纪实》中，指出无思想的问题，也就是**不经思考地过着每一天，会让每个人犯下恶行**。丧失人性，便有可能招来邪恶。

行动

人的活动力

劳动	工作	行动
‖	‖	‖
制造出生存所需的事物	创造产物	参与政治

主要著作

《极权主义的起源》：分析极权主义形成的历史、社会背景。《人的境况》：阐述社会活动重要性的公共哲学。

阿伦特
(1906 — 1975)

公共哲学

哈贝马斯 —— 沟通行动

辩论需要什么样的态度

日本人特别不擅长讨论，一旦开始讨论，就会无可避免地发展成争吵，或是演变成剑拔弩张的气氛。讨论时的理想态度是什么？要思考这个问题，就必须提到**哈贝马斯**的**沟通行动**这个概念。

沟通行动，就是理想的对话行动。哈贝马斯主张，我们应该以开放的心态聆听对方的说辞，共同得到某些成果，而非为了说服对方而运用理性。

意在说服对方，把人视为达成目的的手段，这样的理性称为工具理性。相对地，**尊重对方，以达成共识为目标的理性，则称为沟通理性。**

讨论时如果不尊重对方的立场，沟通就无法成立。基于沟通理性的对话，不同于强迫影响对方决定的战略行动，而完全是要让对方心悦诚服，再得到对方的同意。

为了达到这个目的，哈贝马斯认为需要三个原则。也就是**①参与者使用同一种自然语言交谈；②参与者只叙述并支持相信为真的事实；③所有的当事人皆以平等的立场参与讨论。**

哈贝马斯的沟通行动，杰出之处是对于了解彼此皆有着同样关心的市民，可以站在对等的立场进行讨论，并在过程中改变自己的判断与见解。也就是说，**彼此的想法有可能通过辩论而改变**。这便是对话最大的意义。

哈贝马斯倡导的这种辩论方法称为**审议**，他本身提倡建立以审议为基础的民主主义，即审议民主。哈贝马斯利用这样的沟通行动，对近代社会提出批判。近代社会的问题，在于市场经济组织及近代行政机关这些下级体制逐渐侵蚀了我们的生活。为了避免这种状况，基于沟通行动的讨论是绝对必要的。

沟通行动

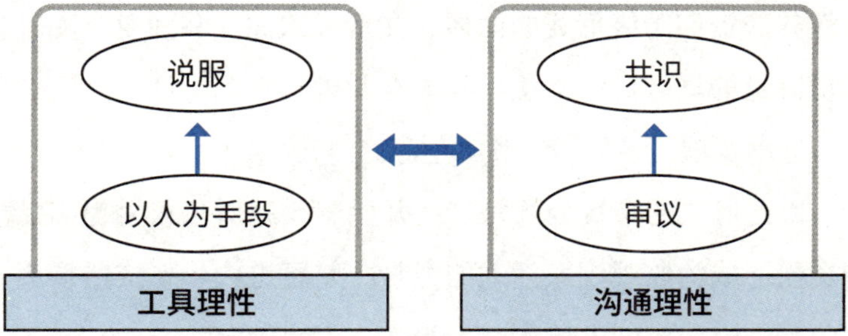

生平与思想

德国社会学家、哲学家。提倡基于沟通理性的讨论的重要性，建立现代公共哲学的基础。

哈贝马斯
（1929 — ）

公共哲学

哈贝马斯 —— 公共领域

何谓公共领域？

最近常听到“**公共领域**很重要”的说法，可是公共领域指的究竟是什么？要回答这个问题，可以参考**哈贝马斯**的公共领域概念。

哈贝马斯提出新的概念“**市民公共领域**”，将它视为对抗国家公共领域而出现的民间公共领域，即由不仅拥有财产，也富有教养的资产阶级形成的团体。在近代欧洲，有沙龙、咖啡厅等供讨论的场域形成，让这些人在此进行文艺批评。然后这些场所逐渐发展，开始带有政治色彩。

如此形成的市民公共领域，开始肩负起对公权力提出批判的责任，成为监视国家活动的力量。它更进一步形成所谓舆论的公共言论，担负起联系政治意向与决定的角色。

另一方面，哈贝马斯也指出公共领域概念在二十世纪中期陷入的问题。也就是媒体等在经济方面的影响力，造成市民公共领域再次变得被动，失去了对国家公共领域的批判功能。对此，哈贝马斯提议各组织中的个人可以从内部进行抵抗。

这样的想法，**延续到自律的公共领域**概念，哈贝马斯最后**把基于自由意志的非政府、非营利的联盟与协会，定位为公共**

领域的旗手，具体来说，就是社会运动、NPO（非营利机构）、义工、市民论坛等。亦即对哈贝马斯而言，公共领域指的是与国家和经济绝缘的市民社会的各种团体。因此他刻意使用来自于市民的 Zivilgesellschaft（公民社会）一词，而非来自于布尔乔亚（资产阶级）的 Bürgerliche Gesellschaft（市场社会）一词。

这些新的联盟成为主体、形成舆论、积极推进民主时，它们便会被重新定义为自律公共领域的活动。哈贝马斯**认为公民社会的非官方公共领域与国家这个官方领域联手，便可形成防止政治公共领域空洞化的机制**。

公共领域

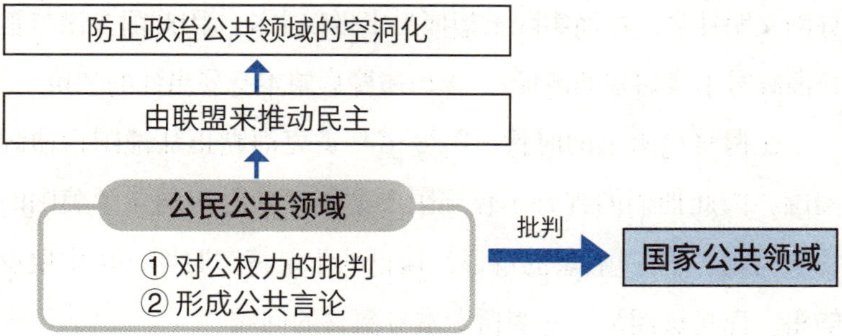

主要著作

《公共领域的结构转型》：论述即使在福利政策充实的现今，公民仍应积极成为公共领域的旗手。

哈贝马斯
（1929 — ）

公共哲学

阿多诺 —— 启蒙的辩证

何谓启蒙？

何谓启蒙？“启蒙”是我们日常生活中不会使用的词汇，但对于活在近代以后的我们，却是非常重要的一个术语。在思考启蒙问题时，**阿多诺**与**霍克海默**的**启蒙的辩证**概念可以作为参考。

原本启蒙指的是以理性的光辉，照耀出普遍的知性，而将人类带往文明的活动。始于近代的这种启蒙计划，应该将二十世纪导向文明社会，然而实际上却催生出极权主义。因此阿多诺与霍克海默写下《启蒙的辩证》，提出质疑启蒙本身妥当性的契机。

在撰写这本书的时代，阿多诺与霍克海默正从德国亡命到美国。因此他们的视野不仅局限于德国，同时也纳入了美国的社会问题。不，《启蒙的辩证》谈论的不是特定时期、特定地点的事，而是试图解决文明概念本身蕴含的问题。

启蒙意图通过理性将自然普遍化，但问题是这仅停留于自然的数学化。也就是说，**对理性主义的追求，造成将一切规格化的结果，最后把人和思考也当成物品来看待。**

阿多诺与霍克海默将这样的状况称为**数学形式主义**。如果彻底追求数学形式主义，启蒙将只容许符合规格的行动样式，并造成社会的僵固。讽刺的是，我们自以为要通过理性，将人类从神话中解放，结果却造成逆转的现象。

我们现在**面临的是理性强制世人接受规格化这种暴力神话的社会**。这完全是新的野蛮，是手段目的化带来的启蒙的辩证。

话虽如此，我们必须注意，阿多诺与霍克海默绝对不是放弃了启蒙。他们把希望放在克服理性的暴力面，并反过来冷静地进行认识与判断的自我省察。

遗憾的是，二十一世纪的现今，世界上充斥着暴力与战争，阿多诺与霍克海默期望的启蒙计划尚未成功。计划能否成功，就掌握在活在现代的我们手中。

启蒙的辩证

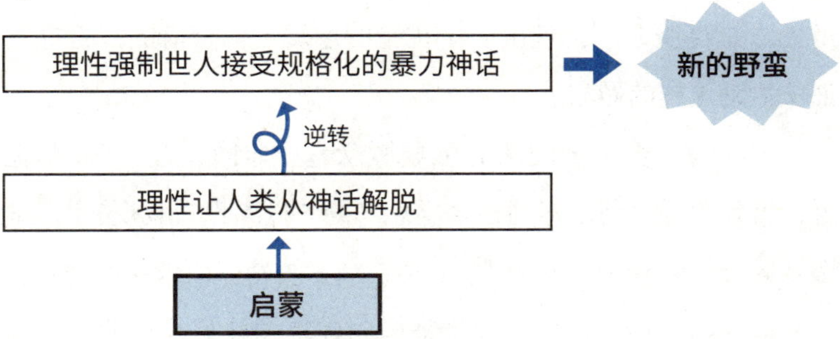

生平与思想

德国哲学家。与霍克海默共同打造法兰克福学派。重视非同一性，提出否定辩证法。

阿多诺
(1903 — 1969)

公共哲学

阿多诺——否定辩证法

什么叫不做出结论的思考？

我们总是情不自禁地要把事情理出头绪，否则就觉得不畅快，因此有时甚至会勉强做出结论。不过这样的态度，有时候会**伴随着暴力的言行**。那么，“不做出结论的思考”真的有可能吗？

这时我们可以参考**阿多诺**的**否定辩证法**这个思考方法。这个哲学思想的内容可以说完全否定了黑格尔的辩证法。亦即，辩证法是克服矛盾，理出一个头绪的逻辑，但相对的，否定辩证法拒绝这样的做法。

实际上，否定辩证法的主导概念是“非同一性”。简单地说，就是差异。阿多诺通过哲学思考的“批判性自我反省”，试图从同一性转换到非同一性。

根据阿多诺的理解，以辩证法为前提的认识与思考，意味着眼前的对象与脑中描绘的概念的同一化。思考行为也就是同一化的行为。那么同一化有什么不好？因为**一旦同一化，就会把异质而多样的其他事物恣意变形为自己想要的形态**。这完全是将概念强加于对象，是一种暴力。

话虽如此，但若不将眼前的对象和语言概念同一化，也就是使其一致，则思考就无法成立。因此我们应该努力的目标，是非暴力性的同一化。

要做到这一点，只要追求“非同一性”，而不是追求普遍的、抽象的“同一性”就行了。因为同一化，就是把一个形态强加上去。

问题在于一旦宣告“要追求非同一性”的瞬间，非同一性的事物就会像同一性的事物一样，变得强加于人。因此**非同一性必须暗中去追求才行**。

我们可以说，**同一性思考重视的是一样东西属于哪一个团体，而非同一性思考重视的是一样东西的个别性**。

否定辩证法

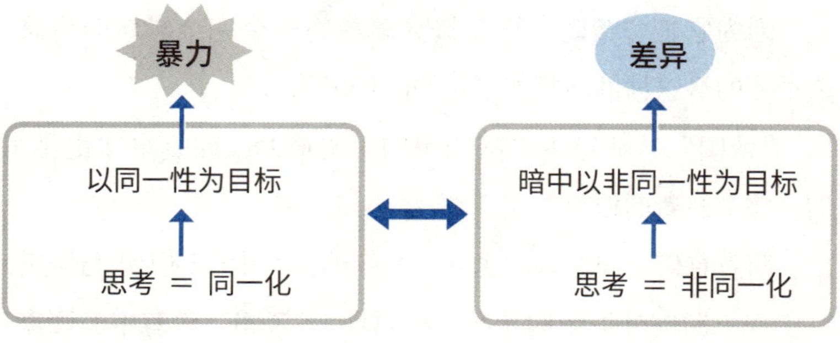

主要著作

《启蒙的辩证》：与霍克海默的合作，揭露启蒙反而是将人导向极权主义和欺瞒大众、使人规格化的暴力结构。

阿多诺
（1903 — 1969）

当代最新思想

内格里 ——“帝国”

什么是全球化？

在现代，我们几乎每天都会在媒体或日常会话中听到“全球化”。**全球化**，也就是 globalization，它指的究竟是什么意思呢？

我们可以参考**安东尼奥·内格里**与迈克尔·哈德合作的《帝国》一书。这本书在全世界掀起话题，甚至可以说是二十一世纪第一本经典名著。

因为它把“**帝国**”这个概念解释为一个完全崭新的概念，最重要的是它精准地掌握了新的时代现象。

“帝国”并非过去意味的帝国主义概念，而是全球化带来的、完全崭新的权力。

两者有何不同？帝国主义一般指的是有中心的国民与国家，其主权不断向外扩张的状况。相对地，**“帝国”没有中心国家，反而是由超国家的制度或资本主义下的跨国企业，与支配性的国家群彼此形成节点，构成网状权力。**

换一种说法，“帝国”并没有权力的领域。它是“去领域化”的，无所不在，却不存在于任何一处。

因此，“帝国”的支配没有界限。“帝国”揭示了一个囊括整个空间的体制，或是实际支配整个“文明化”世界的体制。

并且，“帝国”不是在历史洪流中暂时行使支配力的那类权力，它甚至没有时间的境界。在这个意义上，“帝国”体制被描述为存在于历史的外侧，或是终点。

而且“帝国”不仅规范人的行为，更会直接支配人的本性。也就是**所有社会性的生命都是它的对象**。我们可以想象有个巨大的变形虫将一切吞噬殆尽的景象。而这神秘的巨大权力，就是全球化的真面目。

“帝国”

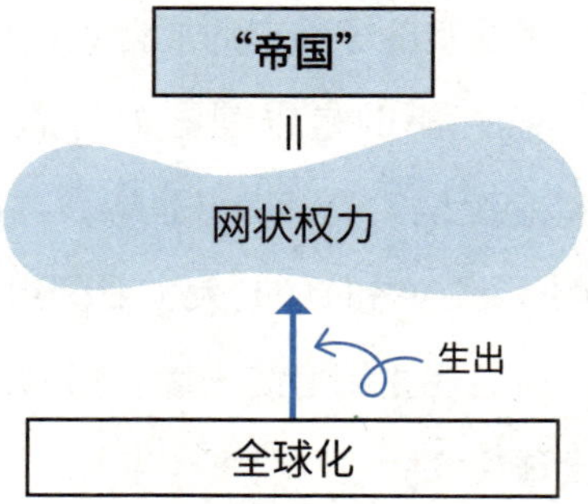

生平与思想

意大利的马克思主义哲学家。与弟子迈克尔·哈德共同提出新的权力“帝国”以及诸众的概念。

内格里
（1933— ）

当代最新思想

内格里 —— 诸众

什么是全球公民？

随着世界的全球化，居住在地球上的居民也会逐渐变质，出现可称为全球公民的人。全球公民指的究竟是什么样的人？这时可以参考**内格里**等人提出的**诸众**概念。

在分析全球化本质的“帝国”权力结构时，自然就会看见“诸众”这个概念。之所以这么说，是因为“帝国”是兼具君主制度、贵族制度、民主制度等面向的混合政体。

君主制度的一面，指的是以美国为首的军事组织，以及IMF（国际货币基金组织）、WTO（世界贸易组织）等经济组织。而贵族制度的一面，指的是七大工业国组织、联合国安理会、跨国企业等。最后**民主制度的一面，指的则是NGO（非政府组织）这样的全球民众**。

内格里等人以“诸众”的概念对全球民众加以重新定义，**把它定位为“帝国”的对抗势力**。

事实上，他们把诸众视为一种阶级概念，而该阶级的意义并非奠基于经济概念，而是意味着联手斗争的集团的政治概念，并且它是酝酿未来的潜在势力。

诸众原本源于斯宾诺莎提出的、意味大量而多样的概念。

而诸众也是由各种差异构成的活动。

看到这里，也许会有人想起肩负共产革命的劳工。但诸众与这类产业劳工有着明确的区别。内格里等人强调从产业劳动转移到非物质的劳动，这完全是主体从产业劳工阶级往诸众的转移。

因此构成诸众的，不只有产业劳工，还有学生、失业者、女性、移民、移工等各种阶级。只要想到通**过网络串联、发起反政府行动的民众**就行了。

正因为如此，诸众虽然**大量而多样，却总是能携手共同行动**。那意味着自律与协同的联结，以及内部差异带来的共同事物（common）的创造。

诸众

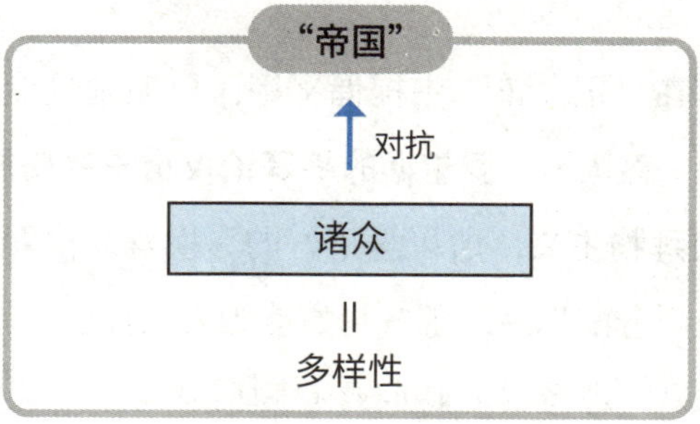

主要著作

《帝国》：提出对新世界的观点“帝国”，视为去中心、去领域的支配装置。

内格里
（1933 — ）

当代最新思想

阿马蒂亚·森 —— 能力

人最需要的是什么？

人最需要的是什么？金钱？物质？但如果身体动弹不得，不管拥有再多的金钱和物品都是白费。从这一点来看，人最需要的应该是“能做任何想做的事”这种最基本的状态吧。**阿马蒂亚·森**的**能力**概念，就是站在这种观点来论述自由与平等的。

能力可以说是森最重要的一个概念。它也译为潜在能力，不过意义异于一般的用法。这个概念原本是为了批判罗尔斯的平等论而提出的。

罗尔斯在《正义论》中提倡平等，以扼制过度的自由。但是阿马蒂亚·森认为，**罗尔斯的平等论仅止于物质的重新分配，这样会沦为拜物主义**，所以是不好的。换言之，罗尔斯并没有明示物质重新分配以后，那些物质能为人做什么。

阿马蒂亚·森将目光转向身心障碍者与一般人之间的不平等，以揭示人的多样性与需求的多样性。换句话说，就算提供相同的东西，即使一般人能善加运用，障碍者却有可能无可奈何。

因此我们应该追求的，反倒是实现身为一个人最起码的需求，亦即**实现人的基本潜在能力**。也就是应该先让身心障碍者能够活动身体、自由移动，并参与社群的社会生活。

于是，能力被定义为：人为了拥有好的生活、好的人生，想要处在什么样的状态、采取什么样的行动，由此而生的各种功能。

然后阿马蒂亚·森主张，人通过行使自主行动的**动力**，可以扩大这种能力，这正是发展的终极目标。

也就是说，阿马蒂亚·森提议不该光是用所得或效益来评估生活的质，而是该以能力的观点去评估。因为他认为这才意味着真正的自由的扩大。

能力

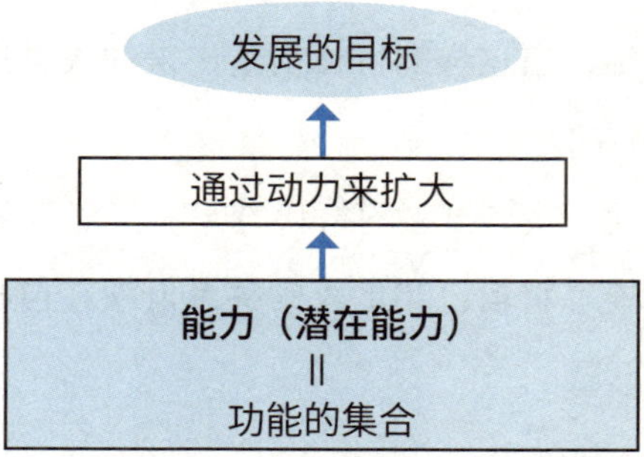

生平与思想

出生于印度的经济学家。站在经济学的立场，阐明贫穷与饥饿的原因。对福利经济学的贡献受到肯定，获得诺贝尔经济学奖。

阿马蒂亚·森
（1933 — ）

当代最新思想

阿马蒂亚·森——承诺

正确的经济学是什么？

经济学被视为推动社会发展的重要学问，但在经济发展的同时，社会也出现了贫穷。经济发展真的是无条件正确的吗？如果不是，什么才是真正正确的经济学？思考这个问题时，**阿马蒂亚·森**的**承诺**概念可以作为参考。

阿马蒂亚·森把奉传统经济学为圭臬的人类形象称为“**理性的傻子**”，并加以抨击。因为传统的经济学，都以追求自我利益最大化为目标，由这样的目标衍生出来的人类形象，就只能是一个自私自利的存在。

而阿马蒂亚·森提出来的替代方案，是能够做出社会承诺的人。那就是**能够将自己和他人的关系反映在自我的价值观上来行动的人类形象**。

阿马蒂亚·森指出，以传统经济学作为前提的自由主义中，存在着两种无法并存的原理：追求全体一致的原理，以及追求个人自由的原理。这被称为阿马蒂亚·森的**自由悖论**。

作为这个矛盾的解方，阿马蒂亚·森提出考虑他人的权利、为他人行动的见解。亦即**只要在主张自己的权利以前，先考虑到他人被赋予什么样的权利，整体的利益与个人的自由之间应**

该就不会出现冲突了。然后如果他人的权利受到侵害，就应该决心采取行动去阻止。这就是承诺。

人不许坐视他人的权利受到侵害，即使对自己没有任何好处，或甚至会造成损害，也必须发起行动，阻止他人的权利受到侵害。承诺要求人具备这样的决心。**正因为如此，可以说承诺适用的范畴不仅是一个国家，也能观照到保障人类安全的概念象征的全球问题**。

就像这样，阿马蒂亚·森旨在打造出一个每个人都积极参与社会、消弭贫穷、重视人权的社会。

承诺

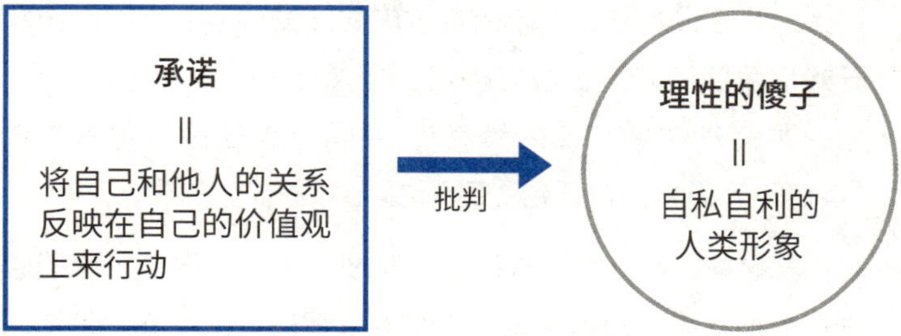

主要著作

《不平等之再考察》：不只是罗尔斯提出的财富平等，更着眼于财富活用的可能性（能力），是新的平等论。

阿马蒂亚·森
（1933 — ）

专栏六

为何现在政治哲学当道？

第六章主要介绍了政治哲学。各位知道几年前在 NHK 播映的节目《哈佛白热教室》吗？内容就像节目名称，是由哈佛大学的教授进行火热讨论的授课内容。负责讲课的便是迈克尔·桑德尔教授，而且主题是政治哲学。

这堂课在哈佛大学里也是极受欢迎的一门课，桑德尔教授以一千名学生为对象，针对正义的意义侃侃而谈。有意思的是，这堂课在日本播放后，原本对政治哲学不屑一顾的日本人，竟因为这个节目而觉醒了。他们因而认识到追本溯源，思考社会、政治应有样貌的乐趣。

此后在日本社会，政治哲学成为广受欢迎的学问，民众开始以哲学的角度去思考核电、全球化等社会问题。同时，众人共有的领域“公共领域”、共同思考社会问题的方法“审议”等概念，也开始受到关注。

就这样，政治哲学成了一个契机，大大地改变了我们原本只会把社会问题丢给国家与政治管理的风潮。不，也许相反，或许是社会的“瓶颈”迫使民众开始追求政治哲学。不论如何，讨论才刚刚开始，往后的社会变化令人期待。

结 语

成为一个会独立思考的人

怎么样？读到最后的读者，也许已经发现自己出现了某些变化。没错，一路循着哲学史，学习多达一百个哲学概念，便能潜移默化地学到哲学性的思考。

请试着思考某些问题，任何问题都可以，比如“我是什么”“人生是什么”。总之，在思考事物的时候，心态应该会出现变化，这就是哲学的有趣之处。只要学到思考的程序与模式，人自然就会模仿，然后思考会因此变得越来越强韧。

其实我也经历过这样的变化。我正式开始学习哲学以后，有一天忽然意识到自己正在深刻钻研某些问题。以往即使看了新闻，也只是被动地心想：“哦，这样啊！”不当一回事。然而自从学习哲学并且多少学习有成以后，我的态度有了一百八十度的转变。

我开始养成习惯，对于接收到的信息，首先是去质疑，然后思考什么才是真正正确的、其本质是什么。结果不可思议地，我的每一天都变得极为充实。

就像帕斯卡说的:“人是会思考的芦苇。”我们具有思考的本能。然而现今的教育却不肯教导我们思考的方法，就好像要把我们的本能给封印起来似的。也许是因为如果每个人都能深思熟虑，为政者就会难以施政的关系。

不管怎样，能深思熟虑当然是最好的。如此一来，受骗的机会也会减少，更重要的是可以做出正确的选择。各位是否有不经大脑思考直接行动而后悔的经验？如果诸君能利用本书，变成一个会思考的人，便是作者无上的欣喜。

在撰写本书时，我受到许多人士大力襄助。特别是给我这个机会、从构想到完成阶段都毅力十足地支持我的中经出版社若月孝士先生，谨在此表达谢意。最后，再次感谢读完本书的每位读者。

小川仁志

二〇一四年十二月

主要参考书目

◉入门书

《人生が変わる哲学の教室》 小川仁志著・ＫＡＤＯＫＡＷＡ中経出版・2010 年

古今中外哲学家在现代复活，阐述自家学说。作为读物也十分有趣。

《心が軽くなる哲学の教室》 小川仁志著・ＫＡＤＯＫＡＷＡ中経出版・2011 年

上面的续集。

《哲学の古典 101 物语》 木田元编・新书馆・1998 年

可以大略了解主要哲学经典著作的概要。

《フシギなくらい见えてくる！　本当にわかる现代思想》

冈本裕一朗著・日本实业出版社・2012 年

精简地说明最新现代思想。

《はじめての政治哲学　“正しさ”をめぐる２３の问い》

小川仁志著・讲谈社现代新书・2010 年

平易近人的政治哲学入门书。

《哲学のヒント》 藤田正胜著・岩波新书・2013 年

可以明白“做哲学”是怎么一回事。

◉哲学史

《图说・标准　哲学史》 贯成人著・新书馆・2008 年

网罗完整的哲学史。

《エピソードで読む西洋哲学史》 堀川哲著・ＰＨＰ新书・2006 年

以趣闻轶事来介绍哲学史的独特著作。

◉用语事典

《岩波哲学・思想事典》 广松涉ほか编・岩波书店・1998 年

收录了各种哲学用语的大部头事典。

《哲学キーワード事典》 木田元编・新书馆・2004 年

详实地解说重要用语。

《すっきりわかる！　超訳“哲学用语”事典》 小川仁志著・ＰＨＰ文库・2011 年

以现代说法来代替深奥的哲学用语，划时代的著作。

《事典　哲学の木》 永井均・中岛义道ほか著・讲谈社・2002 年

各领域的研究家以现代观点解说哲学用语。

中英名词对照表

人物

瓜塔利　Félix Guattari

皮尔士　Charles Sanders Santiago Peirce

托克维尔　Alexis de Tocqueville

米兰多拉　Giovanni Pico della Mirandola

沃尔泽　Michael Walzer

亚当·斯密　Adam Smith

威廉·詹姆斯　William James

埃帕米农达　Epaminondas

泰勒　Charles Taylor

泰勒斯　Thales

毕达哥拉斯　Pythagoras

迈克尔·哈德　Michael Hardt

麦金泰尔　Alasdair MacIntyre

达文西　Leonardo da Vinci

赫拉克利特　Heraclitus

德谟克利特　Democritus

霍克海默　Max Horkheimer

文献

《对话录》 *Dialogue*

《苏格拉底的申辩》 *Apology of Socrate*

《会饮篇》 *Symposium*

《人性论》 *A Treatise of Human Nature*

《人的境况》 *The Human Condition*

《人类知识原理》

A Treatise Concerning Principles of Human Knowledge

《人类理解论》 *AnEssay Concerning Human Understanding*

《上帝之城》 *City of God*

《千高台》 *A Thousand Plateaus*：*Capitalism and Schizophrenia*

《不平等之再考察》 *Inequality Reexamined*

《公共领域的结构转型》

The Structural Transformation of the Public Sphere

《反伊底帕斯》 *Anti-Oedipus*

《方法论》 *Discourse on the Method*

《尼各马可伦理学》 *The Nicomachean Ethics*

《平凡的邪恶：艾希曼耶路撒冷大审纪实》

Eichmannin Jerusalem: A Report on the Banality of Evil

《正义论》 *A Theory of Justice*

《民主主义与教育》 *Democracy and Education*

《全部知识学的基础》 *Foundations of Transcendental Philosophy*

《存在主义和人文主义》 *Existentialism and Humanism*

《存在与时间》 *Being and Time*

《存在与虚无》 *Being and Nothingness*

《自由主义与正义的局限》*Liberalism and the Limits of Justice*

《自然哲学观念》 *Ideas for a Philosophy of Nature*

《作为意志和表象的世界》 *The World as Will and Representation*

《判断力批判》 *Critique of Judgment*

《利维坦》 *Leviathan*

《君主论》 *The Prince*

《形而上学》 *Metaphysics*

《法意》 *The Spirit of the Laws*

《知觉现象学》 *Phenomenology of Perception*

《社会契约论》 *The Social Contract*

《帝国》 *Empire*

《思想录》 *Pensées*

《政府二论》 *Two Treatises of Government*

《政治经济学批判》

A Contribution to the Critique of Political Economy

《查拉图斯特拉如是说》 *Thus Spoke Zarathustra*

《致死的疾病》 *The Sickness Unto Death*

《伦理学》 *Ethics*

《效益主义论》 *Utilitarianism*

《时间与自由意志》 *Time and Free Will*

《神学大全》 *Summa Theologica*

《纯粹理性批判》 *Critique of Pure Reason*

《启蒙的辩证》 *Dialectic of Enlightenment*

《第一哲学沉思集》 *Meditations on First Philosophy*

《规训与惩罚》 *Discipline and Punish*

《野性的思维》 *The Savage Mind*

《创造进化论》 *Creative Evolution*

《单子论》 *Monadologie*

《普通语言学教程》 *Course in General Linguistics*

《无政府、国家与乌托邦》 *Anarchy，State and Utopia*

《词与物》 *The Order of Things*

《爱弥儿》 *Emile*

《新工具》 *Novum Organum*

《极权主义的起源》 *The Origins of Totalitarianism*

《资本论》 *Das Kapital*

《道德系谱学》 *On the Genealogy of Morality*

《道德与立法原理导论》

AnIntroduction to the Principles of morals and Legislation

《梦的解析》 *The Interpretation of Dreams*

《实践理性批判》 *Critique of Practical Reason*

《精神分析概要》 *An Outlineof Psycho-Analysis*

《精神现象学》 *The Phenomenology of Spirit*

《论人类不平等的起源和基础》 *Discourse on Inequality*

《论文字学》 *Of Grammatology*

《论利瓦伊》 *Discorsi*

《总体与无限》 *Totality and Infinity Mind*

《蒙田随笔》 *Essays*

《艺术哲学》 *The Philosophy of Art*

《关于形而上学的对话》 *Discourse on Metaphysics*

《忏悔录》 *Confessions*

《逻辑哲学论》 *Tractatus Logico-philosophicus*

《观念》 *Ideen*

名词

一至五画

一束知觉 a bundle of perceptions

二元世界观 dualistic worldview

人文主义 humanism

人生的三个阶段 three stages of life

人是被判处自由的 man iscondemned to be free

人为德行 arti-cial virtue

几何学精神 esprit géométrique

三权分立 separation of powers

万物的根源 archē

万物皆流 pantarhei

上帝 God

上帝之城 the city of God

上层建筑 superstructure

大众社会 mass society

工具主义 instrumentalism

工具理性　instrumenta lrationality

广延　extension

历史唯物主义　historicalmaterialism

不可分辨者同一律　principle of the identity of indiscernibles

认识论　epistemology

中庸　mesotes

专制　autocracy

无思想　thoughtless

无政府资本主义　anarchocapitalism

介入　engagement

公平机会平等原则　fair equality of opportunity

公民自由　civil liberty

公共领域　public sphere

公意　general will

友爱　philia

反省　impression

反题　antithesis

心物二元论　mind-bodydualism

心的三层构造　tripartite personality structure

文艺复兴　Renaissance

书写　écriture

世俗之城　city of the world

主观　subjective

主观观念论　subjective Idealism

他我　other self

他者　other

对话　dialogue

古典自由主义　classical liberalism

四因说　four causes

奴隶道德　slave morality

市民公共领域　civic publicsphere

市场偶像　idola fori

圣爱　agape

异化　alienation

处境　situation

平等自由原则　principle ofgreatest equal liberty

本我　id

本我　es

本原　archē

本质直观　wesenschau

本体界　noumena

正义二原则　two principles ofjustice

正题　thesis

民主主义／民主制　democracy

永恒轮回　eternal return

生命哲学　philosophy of life

生命冲力　elan vital

生活形式　form of life

白板　tabura rasa

目的因　final cause

目的论式的世界观　teleological world view

印象　impressions

归纳法　induction

怀疑论　skepticism

六至十画

价值　value

观念　ideas

观念的联合　association of ideas

权力意志　will to power

权术　machiavellianism

充足理由律　principle of sufficient reason

交表婚　cross cousin marriage

伊底帕斯情结　Oedipus complex

众意　will of all

先天观念论　theory of innateideas

先行决断　vorlaufende entschlossenheit

全球公民　global civil

全球化　globalization

全景监狱　panopticon

共同善　common good

共和主义　republicanism

共和制　republic

共产主义　communism

合题　synthesis

同一哲学　identity philosophy

同情　sympathy

在世存有　In-der-Welt-sein

存在主义　existentialism

存在先于本质　existence precedes essence

存在的模拟　analogy of being

安卓基诺斯　androgynous

次性　secondary qualities

此在　dasein

伤害原则　harm principle

会思考的芦苇　a thinking reed

自由主义　liberalism

自由主义、社群主义论争　Liberals and Communitarians

自由悖论　liberal paradox

自由意志　free will

自由意志主义　libertarianism

自因　causa sui

自我　ego

自律的公共领域　autonomous public sphere

自然法　natural law

自然状态　state of nature

自然的自由　natural liberty

自然的态度　natural attitude

自然哲学　philosophy of nature

自然哲学家　natural philosopher

自然德行　natural virtue

自然权利　natural rights

行动　action

后现代主义　postmodern

创造性智慧　creative intelligence

伦理阶段　the stage of moral

朴素实在论　naive realism

朴素观念论　naive idealism

动力　agency

动力因　effcient cause

纯粹意识　pure consciousness

冷社会　cold society

利维坦　Leviathan

助产术　method of maieutic

间接激情　indirect passions

君主立宪制　constitutional monarchy

君主制　monarchy

君权神授说　divine right ofkings

否定辩证法　negative dialectics

劳动　labor

劳动价值理论　labor theory of value

扬弃／奥伏赫变　aufheben

完形　gestalt

形式　eidos

形式　formal

泛神论　pantheism

我思故我在　Cogito ergo sum

求生意志　will-to-live

言语　parole

身心平行论　psychophysicalparallelism

身体存在　bodyly existence

身体图式　body schema

身体论　body theory

社会主义　socialism

社会制裁　sanction

社会契约　social contract

社群主义　communitarianism

沟通行动　communicative action

沟通理性　communicative rationality

经院哲学　scholasticism

经济基础　base

经验直观　empirische anschauung

事行　tathandlung

初性　primary qualities

宗教阶段　religious stages

定言令式　categorical imperative

延异　différance

性冲动　libido

图像理论　picture theory

图腾分类　totemic classification

实用主义　pragmatism

实践理性　practical reason

实体论　substantialism

所有人对所有人的战争　the war of all against all

所有权　ownership

所指　signifié

承诺　commitment

抵抗权　right of resistance

物自身　thing-in-itself

国家　state

审议　deliberation

欧陆理性主义　continentalrationalism

范畴　categories

质的功利主义　qualitativeutilitarianism

罗马教皇　Pope

物质　materia

物质　hyle

直接民主制　direct democracy

直接激情　direct passions

直观　intuition

现象界　phaenomenal world ／ world of appearaces

现象学的还原　phenomenological reduction

单子　monad

单独的个人　single individual

知识型　épistémè

知识就是力量　knowledge is power

知识学　science of knowledge

知觉的一元论　perceptualmonism

极权主义　totalitarianism

表象　representation

非我　non-ego

前苏格拉底哲学　Vorsokratiker

客观　objective

客观观念论　objective idealism

思考（思维）　cogitatio

政体论　three forms ofgovernment

语言　langue

语言活动　language

语言游戏　language game

结构　structuralism

绝望　despair

绝望的定理　formula of despair

绝对同一　absolute identity

绝对知识　absolute knowledge

绝对精神　absolute spirit

绝对观念论　absolute Idealism

贵族制　aristocracy

洞穴比喻　the simile of the cave

洞穴偶像　idola specus

英国经验主义　british empiricists

美学阶段　the aesthetic stage

修补术　bricolage

树状　tree

剥削　exploit

原子论　atomism

原初状态　original position

原始的时间性　ursprüngliche Zeit

哲学是神学的婢女　Philosophiaancilla theologiae

差异　difference

差异原则　different principle

种族偶像　idola tribus

悟性　understanding

效益主义　utilitarianism

根茎　rhizome

启蒙的辩证　dialectic of enlightenment

能力　capability

能指　signifiant

资本主义　capitalism

预定和谐　pre-established harmony

预定论　predestination

剧场偶像　idola theatri

热社会　hot society

诸众　multitude

十一至十五画

悬置　epoché

逻辑实证主义　logical positivism

绵延　duration

虚无主义　nihilism

假言令式　hypothetical imperative

脸　visage

偶像　idola

唯心论　idealism

基督教　christianity

常人　das man

敏感性精神　esprit de finesse

救恩论　soteriology

教父哲学　patristic philosophy

欲望　desire

欲爱　erōs

理念　idea

理性的傻子　rational fool

符号　signe

道德家　moraliste

剩余价值　surplus value

善意志　good will

智者　sophist

普遍怀疑论　methodical doubt

最大多数人的最大幸福　The Greatest Happiness of the Greatest

最小政府　minimal state

联盟　association

赎罪券　indulgence

超人　Übermensch

超我　superego

超越论的主体性　transcendental subjectivity

超越论的态度　transcendental attitude

数学形式主义　sterile formalism

意向性　Intentionality

意志　will

意见　doxa

感性　sensibility

感觉　sensation

新自由主义　neoliberalism

概念　conception

禁欲　asceticism

解构　deconstruction

演绎法　deduction

精神分析学　psychoanalysis

需求　besoir

舆论法庭　public opinion tribunal

德国观念论　German idealism

十六画及以上

激情　passion

辩证法　dialectic

未经审视的人生，

不值得一过。

图书在版编目（CIP）数据

拜托，哲学没有那么难！/(日)小川仁志著；王华懋译. -- 北京：北京日报出版社, 2020.10

ISBN 978-7-5477-3712-5

Ⅰ.①拜… Ⅱ.①小… ②王… Ⅲ.①哲学－通俗读物 Ⅳ.①B-49

中国版本图书馆CIP数据核字(2020)第122389号

著作权合同登记 图字：01-2020-1610号

拜托，哲学没有那么难！

责任编辑：史　琴
助理编辑：秦　姚
作　　者：[日]小川仁志
译　　者：王华懋
监　　制：黄　利　万　夏
特约编辑：曹莉丽　孙　建
营销支持：曹莉丽
版权支持：王秀荣
装帧设计：紫图装帧
出版发行：北京日报出版社
地　　址：北京市东城区东单三条8-16号东方广场东配楼四层
邮　　编：100005
电　　话：发行部：（010）65255876
　　　　　总编室：（010）65252135
印　　刷：艺堂印刷（天津）有限公司
经　　销：各地新华书店
版　　次：2020年10月第1版
　　　　　2020年10月第1次印刷
开　　本：880毫米×1230毫米　1/32
印　　张：8
字　　数：170千字
定　　价：55.00元